Iwan Knorr
Peter Tschaikowsky

AF157044

SEVERUS Verlag

Knorr, Iwan: Peter Tschaikowsky. 2015
Neuauflage der Ausgabe von 1900
ISBN: 978-3-95801-192-2

Umschlaggestaltung: SEVERUS Verlag

Bibliografische Information der Deutschen Nationalbibliothek: Die Deutsche Nationalbibliothek
verzeichnet diese Publikation in der Deutschen Nationalbibliografie; detaillierte bibliografische
Daten sind im Internet über https://dnb.de abrufbar.

Der SEVERUS Verlag ist ein Imprint der Bedey & Thoms Media GmbH,
Hermannstal 119k, 22119 Hamburg

SEVERUS Verlag, 2015
http://www.severus-verlag.de
Gedruckt in Deutschland

Iwan Knorr

Peter Tschaikowsky

VORWORT.

Die nachfolgenden Blätter möchte ich nicht ohne ein Geleitwort in die Hand des Lesers legen. Ich beginne mit dem Geständnisse, dass mir der Entschluss, die Notenfeder einmal mit dem Griffel des Geschichtsschreibers zu vertauschen, keineswegs leicht geworden ist. Wenn ich dem lockenden Antrage, das Leben und Schaffen Tschaikowskys der deutschen Lesewelt zu schildern, schliesslich nicht widerstanden habe, gab sicherlich nicht das Verlangen nach Ehren auf dem fremden Gebiete der Schriftstellerei den Ausschlag. In dem Heimathlande des Meisters aufgewachsen, mit seiner schöpferischen Thätigkeit seit Langem vertraut, glaubte ich mich allen Bedenken zum Trotz dennoch der schönen Aufgabe weihen zu sollen. Durch ein Zusammentreffen besonders glücklicher Umstände sah ich mich im Besitze eines so reichen Materials, dass es mir endlich gar als eine Pflicht erschien, den zahlreichen Freunden der Muse Tschaikowskys auch die sympathische Persönlichkeit des Künstlers vertrauter zu machen.

Mir selbst war es nur kurze Zeit vergönnt, mit dem Verewigten in persönliche Beziehungen zu treten, die später in einem brieflichen Verkehr ihren Fortgang fanden, indessen liess auch eine nur flüchtige Annäherung Jedermann den fesselnden Zauber empfinden, der von dem herzgewinnenden Wesen des uns zu früh Entrissenen ausging.

Je weniger ich aus eigener Anschauung über das Leben und Sein des Künstlers zu bieten habe, desto mehr drängt es mich, auf die reichen Quellen hinzuweisen, aus welchen ich schöpfen konnte. Unter den im Drucke erschienenen Aufzeichnungen der Freunde Tschaikowskys sind die „Erinnerungen" des bekannten Theoretikers Prof. Kaschkin in Moskau in erster Linie zu erwähnen. Sie schildern in anschaulicher Weise die Jahre der Lehrthätigkeit Tschaikowskys am Moskauer Konservatorium. Ein anderer Freund des Künstlers Hermann Laroche, der begabteste der russischen Musikschriftsteller giebt in seinen dem Andenken des Meisters gewidmeten Aufsätzen fesselnde Aufschlüsse über die künstlerische Individualität desselben. So schätzenswerth die genannten, allgemein zugänglichen Schriften zweifellos sind, lässt sich ein vollständiges Bild des ganzen Lebensganges Tschaikowskys aus ihnen doch nicht gewinnen; dass es mir vergönnt ist, dem Leser ein solches zu bieten, danke ich einigen Persönlichkeiten, die dem Künstler im Leben nahestanden und mir in freundlicher Bereitwilligkeit, ausser werthvollen biographischen Notizen, Originalbriefe und

Notenautographe Tchaikowskys mittheilten. Mein Dank richtet sich an die einstige Erzieherin Tschaikowskys, Frl. Fanny Durbach, an Prof. Kündinger, Prof. Cossmann, Direktor Slatin und die Verlagshandlungen von Jürgenson und Rahter.

Dem zu errichtenden Gebäude hätten indessen noch immer die wichtigsten Bausteine gefehlt, wenn nicht eine andere hilfsbereite Hand sie dem Bau eingefügt hätte. Modest Iljitsch v. Tschaikowsky, welcher seit geraumer Zeit an einer mehrbändigen Biographie seines Bruders arbeitet, hatte kaum Kunde von meinem Vorhaben erhalten, als er sich in echt russischer Weitherzigkeit und Liebenswürdigkeit erbot, mir nach bestem Wissen und Vermögen beizustehen und mir von seinen reichen Schätzen freigebig mitzutheilen. Enthält mein Buch wirklich Neues und Wissenswerthes über das Leben Tschaikowskys, so ist das zum kleinsten Theil mein eigenes Verdienst. Diese Blätter Modest Tschaikowsky zueignend, bin ich mir bewusst, nur eine einfache Dankespflicht zu erfüllen, die mich antreibt, das Werk den Händen zurückzugeben, aus denen ich es empfing.

Iwan Knorr.

DIE RUSSISCHE MUSIK UND IHRE GESCHICHTLICHE ENTWICKELUNG.

„C'est du Nord aujourd'hui, que nous vient la lumière!" Kein Geringerer als Voltaire war es, der einst diese Worte mit Bezug auf das weite Zarenreich aussprach. War auch das russische Volk in Folge der Aufklärungsbestrebungen Peters des Grossen in Sitten und Gebräuchen den Bewohnern des europäischen Westens ähnlicher geworden, so wollte das importirte fremdländische Gewand dem Volkskörper doch immer noch nicht passen, allerhand klaffende Risse zeigten häufig genug die ursprüngliche Barbarei und Unwissenheit der Menge in ihrer ganzen Nacktheit. Auch zur Zeit der Regierung der Kaiserin Katharina II· (1762—1796), an deren Adresse die hochtönende Sentenz des geistreichen Franzosen gerichtet war, stand es noch recht übel um die Bildung im Lande.

„Nein, Sie sind nicht das Nordlicht", schreibt Voltaire der Kaiserin, „Sie sind der Nordstern selber Noch gab es keinen herrlicheren Stern als Sie! Andromeda, Perseus und Kallisto müssen vor Ihnen erbleichen! In Gemeinschaft mit Diderot und d'Alembert errichten wir Ihnen Altäre — Sie haben mich zu einem Heiden gemacht."

Sicherlich hat Voltaire in diesen wenigen Sätzen so viele und geschmack-lose Schmeicheleien aufgehäuft, als nur irgend darin unterzubringen waren immerhin sind seine Worte doch ein Zeugniss dafür, dass der nordische Riese sich reckte und rührte und im Begriffe war, aus langem Winterschlafe zu er-wachen.

„Es taget gen den Osten!" ruft der getreue Wächter im mittelalterlichen Volksliede. Ein scharfäugiger Wächter auf der Warte der Kunst — Hans von Bülow — lenkt ein Jahrhundert nach Voltaire wiederum unseren Blick auf das Licht, das von dem Slavenreiche ausgehen soll. In seinen musikalischen Briefen aus Italien schreibt der Künstler im Jahre 1874: „Puschkin und Lermontoff sind nun längst Gemeingut der gebildeten deutschen Leserwelt geworden, die deutsche Musikwelt wird gut daran thun, sich ohne viel Zögern mit Michael Glinka vertraut zu machen, denn auch seine Nachfolgerschaft wird uns zu denken und zu schaffen geben. Ueber kurz oder lang wird sich die russische Geistesbewegung eben in keinem Zweige mehr ignoriren lassen."

Ueber ein Vierteljahrhundert ist seitdem vergangen. Ein Blick auf die Programme der grossen Konzertinstitute zeigt uns das mächtige Aufblühen der russischen Kunst. Die ausübenden Künstler russischer Nation haben schon seit geraumer Zeit Gelegenheit gehabt, Beweise ihres hochentwickelten Könnens zu erbringen, an ihrer Spitze Anton Rubinstein, der Unvergessliche. In den letzten Jahren haben auch die russischen Tondichter bei uns mit ihren Werken Eingang gefunden, die „Nachfolgerschaft Glinkas" giebt uns thatsächlich zu denken und zu schaffen! Wie nicht anders denkbar, gehen die Meinungen der westeuropäischen Kunstverständigen über diese Schöpfungen weit auseinander, da ein uns fremdartiges Fühlen und Empfinden darin meist in markirtester Weise zur Aussprache gelangt. Mögen wir vorsichtiges weises Maasshalten auch häufig in den Geisteserzeugnissen unserer östlichen Nachbarn vermissen, so lässt sich doch andererseits die Kühnheit und Neuheit der Ideen, das Beiseitelassen alles rein Hergebrachten sicherlich nicht verkennen.

Diese Musik mag uns zuweilen befremden, ja sogar abstossen, dennoch wird sie uns meist in hohem Grade interessiren. Der bekannteste und unstreitig bedeutendste der neuern russischen Komponisten ist Peter von Tschaikowsky, der Meister, dessen Leben und Schaffen die nachfolgenden Blätter schildern sollen.

Zum vollständigen Erfassen der Eigenart dieses Tondichters wird uns eine Betrachtung des noch immer wenig gekannten Entwickelungsganges der russischen Musik führen.

Die reiche musikalische Begabung der Slaven ist fast sprichwörtlich geworden, „böhmische Musikanten" waren ehedem als fahrende Spielleute in allen deutschen Gauen wohlbekannte und gern gesehene Gäste, doch auch den übrigen Slaven ist es in Leid und Freud ein Herzensbedürfniss, zu musiziren. Der einsame Hirt in den unabsehbaren Steppen des russischen Südens, der Flösser auf dem weiten Wasserspiegel der Wolga, ja selbst der Arbeiter inmitten des Lärms der Grossstadt, sie alle stimmen, ihnen selber fast unbewusst, eines ihrer zahllosen Volkslieder an, um sich Zeit und Weile zu kürzen. Es ist als ob die Volksseele selber aus diesen Weisen redete — jetzt ertönt düster und klagend ein schwermüthiger Sang, der vielleicht in den Schreckenszeiten des Mongolenjoches zum ersten Male laut wurde — nun vereinen sich die Stimmen zu überraschend fremdartigen und doch so reizvollen Harmonien, über welchen die übermüthig ausgelassene Melodie eines neckischen Tanzliedes gaukelt. Es ist nicht etwa ausschliesslich unser modernes Dur und Moll, das wir hören, die echte Musik des Volkes ist noch unberührt von dem in der Tonkunst unserer Tage allmächtig gewordenen Einfluss dieser beiden Tongeschlechter. Die Weisen der russischen Volkslieder beruhen auf den Tonarten des frühen Mittelalters, den sogenannten „Kirchentönen" in ihrer ältesten strengsten Form ohne Zuhülfenahme des Leitetones. Dem Petersburger Tonkünstler M. Balákireff gebührt das Verdienst der Veröffentlichung einer Reihe dieser Lieder in getreuer Wiedergabe der volksthümlichen Harmonisation. Einige Takte aus diesen Gesängen mögen die Eigenart derselben bezeugen.

Schnell.

Viele dieser Volksweisen bestehen nur aus einem kurzen, öfter wieder-holten und dabei neu variirten Motive, dieselbe häufige Wiederkehr eines be-stimmten, gewöhnlich sehr prägnanten kürzeren Gedankens findet bisweilen auch in den Orchesterwerken der russischen Tonsetzer statt. Ein solcher Gedanke wird dann bei seinem jedesmaligen Wiederauftreten durch aparte harmonische Wendungen und überraschende instrumentale Klangmischungen in eine neue Beleuchtung gerückt. Man hat den russischen Komponisten diese, doch nur gelegentlich vor-kommende Manier zum Vorwurf gemacht, ohne zu bedenken, dass die altehr-würdige Form der Passacaglia auf sehr ähnlicher Grundlage errichtet ist. Es sind auch keineswegs Besonderheiten der Formengebung, welche der russischen Musik ein so eigenartiges Gepräge verleihen, ebensowenig ist dasselbe aus der hin und wieder anzutreffenden Benutzung wirklicher Volksmelodien zu erklären, die Kunstmusik der Russen folgt den gleichen ewigen Gesetzen, welche in der Tonkunst der andern Kulturvölker als wahr und echt gelten. Wenn wir von einer russischen Musik sprechen, so geschieht das nur in dem Sinne, in welchem wir die Existenz einer deutschen, italienischen oder französischen Musik zu-geben: wir verstehen darunter die Art und Weise, in der das eigenthümliche Geistes- und Empfindungsleben dieser Völker sich in Tönen ausspricht.

Der Entwickelung einer nationalen Kunst in Russland standen Hindernisse aller Art entgegen, wir wissen von einer russischen Musik erst seit dem Auf-treten des genialen Michael Glinka (1804—1857).

Die Gründe für die so spät bemerkbar werdende Betheiligung der Russen am Wettkampfe auf dem Gebiete der Kunst sind nicht etwa im Nichtvorhanden-sein künstlerischer Neigungen zu suchen. Schon in den ältesten Zeiten, vor der Einführung des Christenthums, genossen die Sänger, als von den Göttern bevorzugte Wesen hohe Verehrung, die nicht frei war von einer Beimischung von Furcht, da man in ihnen, wo nicht Zauberer, so doch Seher und Ver-kündiger eines höheren Willens erblickte. Neben den oft „blinden“ Sehern, welche die Erinnerung an die Heldenthaten früherer Geschlechter lebendig er-hielten, gab es zahlreiche Spielleute und Gaukler, die das Volk bei festlichen Gelegenheiten zu erheitern wussten. Ihre Lieder und Tänze begleiteten sie mit Blas- und Saiteninstrumenten von theilweise sehr origineller Konstruktion. Die Lust an Tanz und Spiel sollte indessen bald empfindlich getrübt werden. Um das Jahr 988 hatte Wladimir der Grosse, der Herrscher von Kieff, von den Byzantinern den christlichen Glauben angenommen und nicht lange danach be-gannen finstere Religionsfanatiker dem Volke die unschuldigsten Lustbarkeiten als „höllische Laster“ und „Anfechtungen des Teufels“ darzustellen. Da das Volk nicht geneigt war, sich von seinen bisherigen Lieblingen abzuwenden, wurden die „Fahrenden“ den grausamsten Verfolgungen ausgesetzt. Trotz Jahr-hunderte langer Bedrückung liess sich die Neigung des Volkes nicht ganz aus-rotten. Der Nero des Nordens, Iwán der Grausame, 1533—1584, der sich be-strebte, das Aergerniss, welches nach der Meinung der Mönche durch die Spiel-leute dem Volke gegeben wurde, durch gänzliche Vertilgung der armen „Fahrenden“ zu beseitigen, zeigte sich seltsamer Weise um das Heil der eigenen Seele wenig besorgt. Er liess sich an seinem Hofe beständig durch Märchenerzähler, Tänzer und Spielleute unterhalten und verschmähte es nicht, bei seinen Zechgelagen diese verachteten Künste selbst auszuüben. Wehe dem Kühnen, der, wie einst Fürst Repnín, es wagte, ihn darum zu tadeln, der Tod war sein sicheres Loos.

Zu einer Zeit, da im westlichen Europa die klassische Periode der durch die grossen Niederländer Ockeghem und Josquin de Près angebahnten kirchlich-kontrapunktischen Kunst in den reifen Meisterwerken eines Palästrina und Orlandus Lassus ihren Abschluss fand und die Bestrebungen der Florentiner, eine neue Wendung der Kunst herbeizuführen, von den ersten glücklichen Erfolgen gekrönt wurden, gewahren wir bei den Russen ausser uralten, von Byzanz überkommenen Kirchengesängen nicht einmal die rohesten Anfänge einer musikalischen Kunst.

Nur verstohlen konnte das niedere Volk, dem sogar bei Hochzeitsfesten laute Fröhlichkeit untersagt war, seine Neigung zu Gesang und Tanz fröhnen und selbst die mächtigen Bojaren ergötzten sich nur im Geheimen an der Kunst der verfehmten Spielleute. Die künstlich erzeugte, fast unheimliche Stille wurde jäh unterbrochen, als im Juni des Jahres 1605 der falsche Demetrius, dessen Herkunft bis zum heutigen Tage in Dunkel gehüllt ist, an der Spitze eines glänzenden Gefolges polnischer Edelleute seinen triumphirenden Einzug in Moskau hielt. Ein Festgelage folgte dem andern, in Schaaren strömten die Sänger, Tänzer und Gaukler, die seither ihr Handwerk im Verborgenen hatten betreiben müssen, in die alte Zarenstadt. Das durch lange Bedrückung verschüchterte Volk konnte sich nicht sofort in die neue Ordnung der Dinge finden, bald bereitete auch der Sturz des Usurpators alledem ein plötzliches Ende. Obwohl die folgenden Zaren unter dem Einflusse eines Theiles der Geistlichen sich noch immer mehr oder weniger kunstfeindlich zeigten, brachen sich dennoch künstlerische Bestrebungen allgemach Bahn, so dass z. B. im Jahre 1672 eine deutsche Truppe in Moskau geistliche Mysterien mit Musik ausführen durfte. Es bildeten sich auch schon kleinere Orchester, welche im Dienste einzelner Grossen des Reiches standen. Die Mitglieder dieser Hauskapellen waren fast ausschliesslich Musiker fremder Herkunft.

Mit der neuen Morgenröthe, welche unter Peter dem Grossen (1689—1725) für das Land anbrach, schwanden endlich die finsteren Nebel ganz und gar. Dieser Herrscher, obgleich selbst ohne besondere künstlerische Neigungen — sein Lieblingsinstrument, das er mit grossem Geschick handhabte, war die Trommel — sah im Gegensatze zu den meisten seiner Vorgänger in Theater und Musik fördernde Erziehungsmittel für sein Volk.

Es fanden sich bereits ausländische Theaterunternehmer ein, welche in ihren Bestrebungen durch Zuwendungen vom Hofe unterstützt wurden; auch Nationalrussen begannen allmählich sich der Bühne zu widmen und wurden in eigenen, freilich sehr unvollkommenen Theaterschulen zu Sängern und Schauspielern herangebildet.

Im Jahre 1736 berief die Kaiserin Anna eine italienische Operngesellschaft und eine deutsche Schauspielertruppe nach Petersburg an den Hof, in deren Begleitung eine Anzahl sehr geschickter Musiker eintraf.

Einen ganz bedeutenden Aufschwung nahmen alle diese Unternehmungen unter der Kaiserin Elisabeth (1741—61). Der Italiener Francesco Araja war einer der ersten Komponisten, welche russische Volksmelodien in ihren Werken zur

Verwendung brachten. Allerdings ist bei ihm die Verarbeitung der volksthümlichen Weisen eine nur äusserliche. Seinem inneren Wesen nach bleibt er der
Italiener, dem das russische nationale Gewand nur zu gelegentlicher Verkleidung
dient. Aus der zweiten Hälfte des 18. Jahrhunderts sind bereits musikalisch-
dramatische Schöpfungen russischer Künstler zu verzeichnen, indessen steht das
Schaffen dieser Männer so sichtbar unter dem Einflusse der allmächtig
herrschenden Italiener, dass sich in diesen Werken nur eine mehr oder minder
sklavische Nachahmung des italienischen Stils bemerkbar macht. Das Empor-
blühen einer nationalen Kunst war auch fast undenkbar zu einer Zeit, da die
berühmtesten Gesangsgrössen Welschlands in Russland fabelhafte Summen ein-
heimsten und Komponisten von hohem Rufe, wie Sarti, Traetta, Paesiello
Salieri und Galuppi am Kaiserlichen Hofe in Petersburg oft für längere Zeit Aufenthalt nahmen, um ihre Opern dem russischen Publikum vorzuführen. Zu den
wenigen russischen Tondichtern, welche begannen selbstständigere Bahnen zu
wandeln, gehört der Kirchenkomponist Bortniansky. Die Kaiserin Katharina die
Zweite schickte ihn im Jahre 1768 zu seiner weiteren Ausbildung zu Galuppi
nach Venedig. Seine „geistlichen Konzerte" sind noch bis auf den heutigen
Tag in den russischen Kirchen zu
hören. Einen besonders eifrigen und ge-
schickten Vorkämpfer fand die russische
Musik in dem Italiener Caterino Cavos,
der in seinem 22. Lebensjahre nach Petersburg kam und sich sehr rasch in seinem
neuen Vaterlande heimisch fühlte. In dem
fast noch unberührten Schatze der russischen Volksmusik fand er reiche Anregung für sein Schaffen. Im Jahre 1815
schrieb er die mit grossem Enthusiasmus aufgenommene Oper Iwán Ssussánin.
Derselben liegt der nämliche Stoff zu
Grunde, welcher später Michael Glinka
zur Schaffung seines Meisterwerkes: „Das
Leben für den Zaren" begeisterte. Trotz
der grossen Liebe, die Cavos dem russisch-
nationalen Element in der Musik ent-
gegenbrachte, vermochte auch er, ähnlich
wie Araja, den Italiener nicht gänzlich zu
verleugnen.

Michael Glinka.

Erst Glinka war es beschieden, der russischen Tonkunst inneres, wahres
Leben einzuhauchen und die Naturlaute der Volksmusik zu einer eigenthümlichen
und selbstständigen Kunstsprache umzugestalten.

Weimarn, der russische Verfasser einer vorzüglichen Glinkabiographie,
kennzeichnet die Merkmale, welche das Schaffen Glinkas vor dem seiner Vorgänger auf dem Gebiete der russischen Musik auszeichnen, mit den folgenden
Worten:

„Er fasst die Begriffe russische Musik und russische Oper tiefer auf als seine Vorläufer.
Er beschränkt sich nicht darauf, nur die Melodie der volksthümlichen Lieder mehr oder minder
genau nachzuahmen, nein, er erforscht den ganzen Inhalt der russischen Volksgesänge in ihrer

Ausführung durch das Volk, — diese Aufschreie, diese plötzlichen Uebergänge vom Getragenen zum Lebhaften, vom Leisen zum Starken, diese wechselnden Lichter und diese Ueberraschungen jeder Art; endlich die besondere auf keinerlei hergebrachten Regeln beruhende Harmonie und musikalische Periodenbildung, mit einem Worte, er deckte das ganze System der russischen Melodik und Harmonik auf, wie er es aus der Volksmusik selber geschöpft hatte und wie es noch keine der ihm vorhergehenden Schulen zum Ausdruck gebracht hatte."

Zur Zeit Glinkas herrschte in Russland fast ausschliesslich die Kunst der Italiener. Die damaligen Musikfreunde schwelgten in den leichtverständlichen weichen Melodien der Werke dieser Richtung und vermochten der ernsteren Musik ihres Landsmannes mit ihren kräftigen volksthümlichen Weisen, die sozusagen noch den frischen Erdgeruch der Scholle ausströmten, auf der sie erblüht waren, nicht sobald Geschmack abzugewinnen. Sie hatten für die originelle Melodik der Volkslieder kein Verständniss, nannten diese Musik plebejisch und verübelten Glinka die bewusste Annäherung an dieselbe. Das wegwerfende Urtheil: C'est de la musique de cocher, war damals auf Aller Lippen. „Was thut das, pflegte Glinka zu sagen, wenn die Kutscher mehr werth sind als ihre Herren!"

In der ersten Oper der neuen Richtung: „Das Leben für den Zaren", welche im Jahre 1836 zur ersten Darstellung kam, gelangen Glinkas eigenartige Bestrebungen namentlich in den Chören zu vollem Ausdruck, während in den anderen Stücken dieses Werkes doch noch hin und wieder italienischer Einfluss bemerkbar wird. Die Oper hatte übrigens trotz des ablehnenden Verhaltens der „Gesellschaft" einen grossen und unbestrittenen Erfolg im Volke. Schon der patriotische Text, der den heldenmüthigen Opfertod des Bauern Iwán Ssussánin für seinen jungen kaiserlichen Herrn, dessen Leben durch den Mordanschlag der Polen bedroht ist, zum Inhalt hat, erregte die Gefühle der Zuhörer auf das Gewaltigste. Einen bedeutenden weiteren Schritt auf der eingeschlagenen Bahn that Glinka mit der zweiten Oper: Russlán und Liudmilla. Obwohl der Schwerpunkt seines künstlerischen Schaffens auf musikalisch-dramatischem Gebiete liegt, hat Glinka doch den Anstoss zur Entwickelung einer neuen nationalen Richtung im Bereiche der Instrumentalmusik gegeben, seine reizende Orchesterphantasie über zwei Nationalthemen: Kamárinskaja, erfreut sich bei uns vielfacher Sympathien.

Dargomyschsky.

Zunächst wirkte allerdings das Beispiel des Meisters anfeuernd auf die Opernkomponisten seines Landes, von denen als die erfolgreichsten und bedeutendsten Dargomyschsky und Sseroff zu betrachten sind. Des ersten „Russalka" und des letztgenannten „Rognéda" sind bis jetzt ständig auf dem Repertoire der russischen Opernbühnen anzutreffen.

Die folgende Generation namhafter Tondichter wandte sich neben der Oper auch dem Gebiete der Orchester- und Kammermusik zu, auf welchem neben Borodin und Rimsky-Korssakoff vor Allem Peter Tschaikowsky bestimmt war in so hervorragender Weise die Führung zu übernehmen.

DIE KINDERZEIT. (1840—1850).

Pjottr (Peter) Iljítsch Tschaikowsky entstammt einem alten, möglicher Weise ursprünglich polnischen Adelsgeschlechte. Sichere Beweise für die polnische Herkunft der Familie lassen sich indessen nicht erbringen, Tschaikowsky selbst hing so fest an seinem Russenthum, dass ihn das Aussprechen ähnlicher Vermuthungen stets reizte und verstimmte. Sein Urgrossvater Feódor Afanássjewitsch Tschaikowsky kämpfte unter Peter dem Grossen als Kosakenrittmeister bei Poltáwa gegen die Schweden. Er hatte den polnischen Adelsrang eines „Schliachtitzen“, bekannte sich aber zur griechisch-katholischen Religion. Der Grossvater unseres Komponisten, Peter Feódorowitsch, welcher im Jahre 1818 starb, war als Edelmann in die Adelsliste des Gouvernements Kasán eingetragen. Der jüngste seiner Söhne Jljá (Elias) Petrówitsch Tschaikowsky kam im Jahre 1795 zur Welt. Er widmete sich dem Bergfache und trat im Jahre 1817 als Schachtmeister in das Departement der Berg- und Salzwerke ein, nachdem er kurz zuvor seine Studien mit Auszeichnung beendet hatte. Von Allen, die ihm näher standen, wegen seiner grossen Güte geliebt und geschätzt, bewahrte er sich trotz vieler, sehr bitterer Enttäuschungen bis in sein spätes Alter einen glücklichen Optimismus, der ihn jeden Menschen für gut und edel halten liess. Ohne musikalisch veranlagt zu sein, war er doch ein grosser Freund der Musik und des Theaters, welches er noch als Greis stetig besuchte. Ilja Petrowitsch war in erster Ehe mit einer Deutschen, Maria Kaiser, verheirathet, Aus dieser Verbindung stammte eine Tochter, Sinaida. Im Jahre 1833 vermählte er sich mit Alexandra Andréjewna Assière. Der Vater seiner zweiten Frau, Andreas Assière gehörte einer französischen Familie an, welche zur Zeit der grossen Revolution aus Frankreich ausgewandert war und sich in Deutschland niedergelassen hatte. Andreas Assière war als Jüngling nach Russland gekommen und nahm bald eine seinen vielseitigen Kenntnissen entsprechende hervorragende Stellung ein. Alexandra Andréjewna, die Mutter unseres Komponisten, wird als eine hohe, stattliche Erscheinung geschildert. Ohne gerade schön zu sein, gewann sie unwillkürlich die Herzen ihrer Umgebung durch die sympathische Art und Weise sich zu geben. Sie zeigte sich dabei den Ihrigen gegenüber nicht einmal freigebig mit Liebkosungen, im Gegensatze zu dem Vater, welcher dahin neigte.

seine Lieblinge durch zu grosse Milde zu verziehen. Auch sie war nicht eigentlich musikalisch begabt, obgleich sie etwas Klavier spielen konnte und die zu ihrer Zeit üblichen Lieder und Romanzen mit schwacher, aber angenehmer Stimme ausdrucksvoll vorzutragen verstand. Es ist eigenthümlich genug, dass kein Glied der ganzen, sehr zahlreichen Familie Peter Tschaikowskys irgend welche bemerkenswerthe musikalische Veranlagung zeigte.

Ilja Petrowitsch wurde im Jahre 1837 zum Oberbergrath ernannt und erhielt die Stellung eines leitenden Chefs der Kamsko-Wotkinschen Fabrik im Gouvernement Wiätka. Hier in Wotkinsk kam Peter als zweiter Sohn dieser Ehe im Jahre 1840 am 25. April (7. Mai neuen Styls) zur Welt. An seinem neuen Bestimmungsort, tief im Osten des europäischen Theiles von Russland, lebte Ilja Petrowitsch fast wie ein kleiner Fürst. Er bewohnte ein geräumiges Haus mit seiner Familie und einer zahlreichen Dienerschaft, seine Stellung gab ihm in vielen Dingen eine fast unumschränkte Gewalt. Sogar ein kleines Heer, eine Abtheilung von hundert Kosaken folgte seinen Befehlen. Die materiellen Verhältnisse waren den übrigen Bedingungen entsprechend sehr günstig, so dass Dank der Gastfreundschaft des Hausherrn und der Liebenswürdigkeit seiner Gemahlin das Vaterhaus Peters bald zum Sammelpunkte der gebildeten Gesellschaft der ganzen Umgegend wurde.

Im Jahre 1844 engagirte die Familie für den ältesten Sohn Nicolai und eine im Hause wohnende Nichte Lydia eine junge aus Montbéliard bei Belfort gebürtige Erzieherin namens Fanny Durbach, welche bald auch auf Peter den segensreichsten Einfluss auszuüben begann. Er war 4½ Jahre alt, als die neue Hausbewohnerin eintraf, und sollte noch nicht unterrichtet werden. Schon am ersten Tage erbat sich der Knabe unter Thränen die Erlaubniss, an den Unterrichtsstunden der älteren Kinder theilnehmen zu dürfen. Die neue Lehrerin fühlte sich zu ihrem jüngsten Schüler gleich besonders sympathisch hingezogen[1]). Der Kleine, der sich durch grossen Fleiss und überraschend schnelle Fortschritte auszeichnete, war durchaus nicht so hübsch wie sein älterer Bruder Nicolai. Er präsentirte sich mit seinem fast immer zerzausten Haar und seiner unordentlichen Kleidung nichts weniger als vortheilhaft, dennoch lag ein schwer zu erklärender Zauber in Allem, was der Knabe sprach und that, ein Zauber, durch welchen die Persönlichkeit des Komponisten auch noch in späteren Jahren mit so unwiderstehlicher Gewalt auf Alle wirkte, die das Glück hatten, diesem seltenen Manne näher zu treten.

Wir dürfen uns den Kleinen keineswegs als einen sogenannten „Musterknaben" denken, den seine Lehrerin etwa nur deshalb liebte, weil er ihr so wenig Mühe verursachte. Er war ein lebhaftes Kind, das in den Freistunden die lustigsten und lärmendsten Spiele zu erfinden verstand, doch besass er ein äusserst feines Empfinden, der leiseste Vorwurf konnte ihn für den ganzen Tag nachdenklich und betrübt stimmen. Wie seine Erzieherin erzählt, musste der Knabe mitunter zur Theilnahme an den Spielen der Geschwister überredet werden, da er es oft vorzog, sich an das Klavier zu setzen und sich im Phantasiren auf dem Instrument zu versuchen. Leider konnten die musikalischen Bestrebungen Peters durch die Personen seiner Umgebung nur wenig gefördert werden. Die Mutter hatte ihre Musikübungen längst eingestellt und beschränkte sich darauf, den Kindern hin und wieder ein halbvergessenes Stück zum Tanze aufzuspielen, die übrigen Familienmitglieder zeigten noch weniger

Verständniss für Musik, zu allem Unglück erwies sich auch die Erzieherin als gänzlich unmusikalisch. Auch unter den Freunden des Hauses befanden sich mit einer einzigen Ausnahme nur ungeübte Dilettanten, die im besten Falle ein unbedeutendes Salonstück auf dem Klavier abklimpern konnten. Ausserhalb des Hauses waren an dem kleinen, von aller Welt abgelegenen Orte musikalische Anregungen irgendwelcher Art für den Knaben nicht zu erwarten. Tschaikowsky erzählte in seinen späteren Lebensjahren, dass er die ersten musikalischen Eindrücke keinem lebenden Wesen, sondern einer todten Maschine zu verdanken habe. Sein Vater hatte einst eine mittelgrosse Spieluhr aus Petersburg in seine ländliche Abgeschiedenheit mitgebracht, die Klänge dieses Instrumentes liessen den Knaben zuerst aufhorchen und erweckten dann den Wunsch in ihm, das Gehörte auf dem Klavier nachspielen zu können. Ganz besonders entzückte ihn eine Arie der Zerline aus dem Don Juan; das Anhören dieses Stückes erweckte in ihm die schwärmerische Liebe und Verehrung für Mozart, die ihn Zeit seines Lebens nicht verliess. Nachdem er die ersten Anfangsgründe des Klavierspiels

Geburtshaus Tschaikowskys in Wotkinsk.

bei der Mutter erlernt hatte, war er schon als 5jähriger Knabe im Stande, die Melodien, die er von der Spieluhr gehört hatte, fehlerlos aus dem Gedächtnisse wiederzugeben. Als Peter in sein 6. Lebensjahr trat, erhielt er in Maria Markowna Lónginow eine Musiklehrerin, die aber höheren Anforderungen wohl kaum genügen konnte, da der Knabe ihr an Spielfertigkeit bald nichts nachgab. Im Jahre 1885 brachte sich diese Lehrerin dem Komponisten, der sie längst gestorben glaubte, wieder in Erinnerung, sie musste in ihrem Alter Noth und Entbehrungen leiden, was Tschaikowsky so rührte, dass er ihr bis an ihr Lebensende eine Pension auszahlen liess.

Weit grössere Anregungen, als ihm der Unterricht der genannten Musiklehrerin zu bieten vermochte, verdankte der Knabe einem Offizier polnischer Herkunft, Namens Maschewsky. Bei seinen Besuchen im Elternhause Tschaikowskys gab dieser begabte Dilettant gern Kompositionen seines Landsmannes Chopin zum Besten. Von der feurigen und ausdrucksvollen Vortragsweise des Spielers erregt, bemühte sich der Knabe einige Mazurkas einzuüben. Der Versuch gelang so gut, dass der erstaunte Pole das Kind unter lebhaften Lobesbezeugungen wiederholt küsste, was Peter unendlich stolz und glücklich machte. Fräulein Durbach, die Erzieherin, ermunterte den Knaben nicht gern zum Musiziren

Sie hatte eines Theils wenig Verständniss für Musik und machte andererseits die Bemerkung, dass starke musikalische Eindrücke, oder selbst längeres eigenes Klavierspielen auf das ohnehin reizbare Nervensystem des Kleinen stark einwirkten. Als eines Abends im väterlichen Hause mehr wie sonst musizirt worden war, begab sich Peter, der zuerst heiter und lebhaft gewesen war, frühzeitig ermüdet in sein Schlafzimmer. Die besorgte Erzieherin fand ihn kurz darauf aufgeregt und schluchzend in seinem Bette. Auf ihre Frage, was ihm fehle, konnte er nur stammelnd klagen: Diese Musik! Sie ist hier in meinem Kopfe — erlösen Sie mich von ihr! Die grosse Reizbarkeit seiner Nerven hat Tschaikowsky auch in seinen Mannesjahren gepeinigt, Aufregungen und seelische Erschütterungen vermochten zuweilen sogar hysterische Anfälle bei ihm hervorzurufen. Die Eltern des Knaben konnten unter diesen Umständen nicht besonders geneigt sein, ihm die häufige und intime Beschäftigung mit seiner Lieblingskunst, die ihn so seltsam erregte, zu erleichtern. Man vermochte natürlich zu jener Zeit auch die Tragweite seines Talents noch garnicht zu überschauen, zumal Peter ausser der Neigung zur Musik noch grosse Lust zur Dichtkunst zeigte. Dank der Sorgfalt, mit welcher die Gouvernante, Fräulein Durbach, jedes Blättchen aufbewahrte, das ihr Liebling mit seiner ungeübten Kinderhand beschrieben hatte, sind die Dichtungen aus jener Zeit uns noch erhalten. Sie zeugen trotz ihrer unbeholfenen Form wohl von dem tiefen Gefühl und dem lebhaften Geiste des Kindes, lassen aber keine Spur einer wirklichen poetischen Veranlagung erkennen. In späteren Jahren verstand es Peter Tschaikowsky, seine zahlreichen Aufsätze über Musik*) in gewähltem, ja glänzendem Style abzufassen,

Gruppenbild der Familie Tschaikowsky aus dem Jahre 1848.
(Links Peter als 8jähriger Knabe.)

dem Titel, le pétit Pouschkin, den seine Umgebung einst scherzend dem Knaben verlieh, suchte er indessen nicht wieder Ehre zu machen.

Das idyllische Stillleben in Wotkinsk nahm im Oktober des Jahres 1848 ein Ende. Ilja Petrowitsch waren Aussichten auf eine reich dotirte Stellung in Moskau gemacht worden, wahrscheinlich sehnte er sich im Stillen wieder nach dem Leben in einem grösseren Orte zurück, kurz, er fasste den Entschluss, seine bisherige, so angenehme Stellung aufzugeben. Die Reise nach Moskau, welche damals selbstverständlich noch im Wagen gemacht werden musste, dauerte über zwei Wochen. Peter, der sich zu seinem grossen Schmerze von seiner geliebten Erzieherin hatte trennen müssen, schrieb

*) In deutscher Uebersetzung bei der Verlagsgesellschaft Harmonie in Berlin erschienen.

Chére Mlle Fanny)

Je ne puis vous dire comme j'étais content,
quand j'ai reçu votre lettre; je vous prie
chère Mlle Fanny ne vous fachez) pas
contre moi vous me dîtes, que vous avez)
pleuré, de ce que je vous ai écrit, que c'est
ma paresse qui m'a empêché de vous écrire,
je tacherai une autre fois de ne jamais
etre paresseux, car je conviens que c'est
un mauvais sentiment, dont je me corrigerai.
A présent, je vous vous va conter, comment
j'ai passé le temps le 20 de Juillet
le jour de fête de papa. Monsieur
Zélinzoff M. Thobsky et Monsieur
Penn avec ses deux filles Suzanne et
Alice étaient arrivés chez nous. Le soir

Erste Seite eines Briefes Tschaikowskys aus der Kinderzeit.
1848 an Frl. Fanny Durbach geschrieben.

(Beilage zu Knorr's Tschaikowsky-Biographie.)

ihr noch während der Reise rührende Briefe, die er aber nicht absenden konnte, da er in seinem Kummer zu viele Kleckse gemacht hatte.

In Moskau verlebten die Reisenden eine sehr bange und traurige Zeit. Ilja Petrowitsch hatte seine Aussichten einem Freunde mitgetheilt und dieser hatte sich in treuloser Weise selbst mit Erfolg um die in Frage stehende Stellung beworben. Ilja Petrowitsch, der sehr bekümmert um die Zukunft war, reiste nach Petersburg, wo er eine anderweitige Versorgung für sich und die Seinen zu finden hoffte. In Moskau wüthete zu dieser Zeit die Cholera, jene schreckliche Krankheit, welche den Mitgliedern der Familie Tschaikowsky mehr als einmal verhängnissvoll wurde. Für dieses Mal wurden die Angehörigen Ilja Petrowitschs allerdings nur durch die schwere Erkrankung der Wärterin der jüngsten Kinder in heftigen Schrecken versetzt. Im November siedelte die ganze Familie nach Petersburg über, woselbst sie einen grossen Kreis von Verwandten und Freunden besass.

In Petersburg begann eine neue Phase im Leben des Knaben. Auf dem Lande, umgeben von Menschen, die er liebte und die ihn wiederliebten, in ungebundener freier Lebensweise aufgewachsen, hatte er fremde Personen zumeist nur als liebenswürdige Gäste und heitere Gesellschafter kennen gelernt. Von nun an war der Familienkreis nicht mehr in der früheren Weise die kleine Welt, in der sich sein Leben abspielte. Er wurde in Gemeinschaft mit seinem älteren Bruder Nicolai der Lehranstalt von Schmehling übergeben und verbrachte den grössten Theil des Tages fern von den Seinen. Früh am Morgen verliessen die Knaben das Haus und kehrten erst am späten Nachmittage zurück. Peter musste oft bis Mitternacht über seinen Büchern sitzen, um die umfangreichen und schwierigen Schulaufgaben zu bewältigen. Auf seinen Wunsch erhielt er auch Unterricht im Klavierspiel, welchen ein gewisser Filípoff ihm ertheilte. Unter diesen ungewohnten Anstrengungen begann der Gesundheitszustand des Knaben zu leiden. Er erkrankte an den Masern und musste die Schule verlassen. Der sonst so heitere und liebenswürdige Knabe wurde bleich und mager und zeigte eine grosse Launenhaftigkeit und Reizbarkeit, die ihm früher nicht eigen gewesen war. Die Eltern wurden nicht wenig beunruhigt durch nervöse Anfälle, die häufig bei ihm auftraten und endlich dahin führten, dass er auf den Rath der Aerzte jeglicher ernsten Beschäftigung ferngehalten werden musste. Im Anfang des Jahres 1849 gelang es Ilja Petrowitsch endlich eine neue auskömmliche Stellung zu finden. Er wurde Verwalter der Jakowleffschen Fabrik in Alapájewsk. Obgleich die Gehaltsbedingungen nicht ungünstig waren, vermisste die Familie doch die schöne Umgebung und den regen Verkehr mit gebildeten Nachbarn, der ihr Leben in Wotkinsk so glücklich gestaltet hatte. Peter fühlte sich Anfangs sehr unglücklich, sein älterer Bruder, der in Petersburg zurückgeblieben war, um die Schule weiter zu besuchen, fehlte ihm bei seinen Spielen, auch die Sehnsucht nach der Erzieherin kommt in den Briefen an Fräulein Durbach immer wieder zum Durchbruch. Indem er die Feier des Namenstages seines Vaters schildert, schreibt der Knabe:

„Der Abend verging sehr heiter für die Erwachsenen, aber für mich? Sie können sich denken, liebe gute Fanny, mir fehlte mein Bruder, mein Freund und meine gute, treffliche Erzieherin, die ich so innig in Wotkinsk liebte, o ich würde glücklich sein, wenn ich wieder mit ihr zusammen leben könnte! — Nicolai lernt sehr gut und hat immer 12 mit einem Kreuz (12 ist die beste Zensurnummer in den russischen Lehranstalten), ich werde mir Mühe geben, eben so gut zu lernen, wie er und noch besser, obgleich ich ihn sehr lieb habe!"

Trotzdem der Knabe in Alapájewsk keinen Klavierunterricht erhalten konnte, machte er doch grosse Fortschritte in der Musik. Er zehrte von den Eindrücken, die er in Petersburg empfangen hatte. Filippoffs Lehrstunden hatten ihm unzweifelhaft grossen Nutzen gebracht und einige musikalische Aufführungen, denen er hatte beiwohnen dürfen, liessen die Erkenntniss in ihm aufdämmern, dass die Tonkunst wohl noch Herrlicheres zu bieten habe, als er sich einst in Wotkinsk hatte träumen lassen. Wie er selbst von sich erzählte, begann er von dieser Zeit an zu komponiren. Wenngleich er noch nicht im Stande war, seine Einfälle niederzuschreiben, tönten ihm doch Melodien im Kopfe, wo er ging und stand.

DIE SCHULJAHRE. (1850 – 59)

Im Sommer des Jahres 1850 war Peter wieder so weit gekräftigt, dass der Versuch gewagt werden konnte, ihn den unterbrochenen Schulbesuch erneuern zu lassen. Im August begab sich die Mutter mit zwei Töchtern und Peter auf die weite Reise nach Petersburg. Die Eltern bestimmten den Knaben für die Beamtenlaufbahn und wünschten ihn in die sogenannte „Rechtsschule" aufnehmen zu lassen, in welcher die Zöglinge für diesen Beruf erzogen wurden. Da Peter noch zu jung zum Eintritt in diese Anstalt war, besuchte er zunächst die mit dem genannten Institut verbundenen Vorbereitungskurse. Als seine Mutter sich im Oktober auf die Heimreise begeben musste, äusserte sich der Schmerz des Knaben, den Erzählungen von Augenzeugen zufolge in geradezu erschütternder Weise, man musste sanfte Gewalt anwenden, um das jammernde Kind von dem Wagen loszureissen, der ihm die geliebte Mutter entführte. Noch in späteren Jahren sprach Tschaikowsky nie ohne tiefe innere Bewegung von dieser Szene. Es war der erste dunkle Schatten, der auf seinen Lebensweg fiel, der erste grosse Schmerz, den seine junge Seele erduldete. Er verfiel in eine tiefe Schwermuth und lebte die nächsten zwei Jahre nur in der Hoffnung auf ein baldiges Wiedersehen mit den Seinigen.

Peter Tschaikowsky als Rechtsschüler.

Die Trauer des armen Knaben wich nur allmählich einer gefassteren Stimmung. Zu seiner unaussprechlichen Freude erhielt er die Nachricht, dass die Seinen beschlossen hatten, nach Petersburg überzusiedeln, um daselbst dauernd ihren Wohnsitz zu nehmen. Mitte Mai des Jahres 1852 traf die

Familie in Petersburg ein. Der Vater hatte sich ein kleines Kapital erspart, dessen Zinsen in Verbindung mit der Pension für seine langjährige Dienstzeit ihm und den Seinigen ein bescheidenes Auskommen ermöglichten. Er stand an der Schwelle des Greisenalters und sehnte sich nach dem Zusammenleben mit allen seinen Kindern. Peter war ungefähr zu derselben Zeit, als seine Eltern in Petersburg anlangten, aus den Vorbereitungsklassen in die eigentliche „Rechtsschule" versetzt worden, zu deren Absolvirung ein siebenjähriger Kursus durchzumachen war.

Peter Tschaikowsky als Rechtsschüler.

Das ungetrübte Zusammenleben der Familie sollte leider nicht von langem Bestande sein. Im Juni des Jahres 1854 wurde die Mutter ein Opfer der Cholera. Peter war vor Schmerz über den schrecklichen Verlust dem Wahnsinn nahe. Die Lage der Kinder wurde noch trostloser, als auch Ilja Petrowitsch am Beerdigungstage seiner Gattin von der unheimlichen Krankheit ergriffen wurde. Nachdem er tagelang zwischen Leben und Tod geschwebt hatte, wurde er endlich seinen verzweifelnden Kindern wiedergeschenkt. Peter vermochte erst einige Jahre später Fräulein Fanny Durbach die näheren Umstände über den Tod seiner Mutter mitzutheilen.

„Vier Monate nach Sinas Abreise erkrankte Mama an der Cholera. Obgleich die Gefahr sehr gross war, fand sie Dank den äussersten Anstrengungen der Aerzte ihre Gesundheit fast wieder. Es war aber nicht auf lange, denn nachdem die Genesung drei oder vier Tage angedauert hatte, starb Mama, ohne dass sie Zeit gehabt hätte, von ihrer Umgebung Abschied zu nehmen. Trotzdem ihr die Kraft fehlte, ein einziges Wort deutlich auszusprechen, verstanden wir doch, dass sie nach dem Abendmahl verlangte. Der Priester kam rechtzeitig mit dem heiligen Sakramente, gleich nach dem Abendmahl hauchte sie ihre Seele aus!"

Es berührt seltsam, wenn wir erfahren, dass Peter Tschaikowsky in frappant ähnlicher Weise aus dem Leben schied, wie seine so treugeliebte Mutter. Bei Beiden tritt eine trügerische Besserung ein, bei Beiden führt ein im Bade mit erneuter Wucht sich wiederholender Krankheitsanfall unerwartet das Ende herbei.

Nach dem Tode seiner Gattin lebte Ilja Petrowitsch eine Zeitlang mit der Familie seines älteren Bruders Peter Petrowitsch in gemeinschaftlicher Haushaltung. Peter Petrowitsch, ein alter invalider Krieger, war streng religiös und allen weltlichen Lustbarkeiten abhold. Seine Frau und die Töchter verachteten die Freuden dieser Welt nicht in gleichem Masse. Es ging sehr heiter in dem kleinen Kreise zu, wenn Sonntags Peter und seine Brüder in Begleitung ihrer Schulfreunde im Hause erschienen, Peter war als Jüngling ein lustiger, gern gesehener Kamerad, unerschöpflich im Erfinden von geselligem Zeitvertreib, dabei ein unermüdlicher Tänzer. Oft, wenn die liebe Jugend es gar zu toll trieb, tauchte um die mitternächtliche Stunde, wie ein Geist die Gestalt Peter Petrowitschs auf, ohne ein Wort zu verlieren, löschte er die Lichter und gab damit ein nicht misszuverstehendes Zeichen zum Aufbruch. Modest Tschaikowsky charakterisirt in seinen Erinnerungen an den Bruder die

Jünglingsperiode desselben mit den folgenden Worten: „Mit dem ungezügelten Drange eines leidenschaftlichen Temperaments gab er sich einer leichtfertigen Auffassung des Lebens hin, dem oberflächlichen Beobachter musste er einfach als ein sehr fröhlicher, gutmüthiger und sorgloser junger Mensch ohne irgendwelche ernstere Bestrebungen und Lebensziele erscheinen." Selbst der traurige Umstand, dass Ilja Petrowitsch im Jahre 1858 der Ersparnisse eines langen, arbeitsvollen Lebens durch fremde Schuld beraubt wurde, vermochte den Drang, sich auszutoben und das Leben nach Herzenslust zu geniessen, in Peter nicht merklich zu dämpfen. Der arme Vater musste trotz seines Alters wiederum eine

Modest Tschaikowsky.

Stellung suchen. Zum Glücke ernannte man ihn kurz darauf zum Direktor des technologischen Instituts. Er bezog eine geräumige Amtswohnung, welche bald wieder zum Sammelpunkt der jugendlichen Genossen Peters wurde, der unterdessen in die Prima der Schule versetzt worden war. In der Schule galt Peter für einen mittelmässig begabten Knaben, der sich weder im Guten noch im Schlechten vor seinen Mitschülern auszeichnete. Der sehr strengen Zucht fügte er sich ohne Murren und kam in keinen Konflikt mit den Machthabern der Anstalt. Er lernte seine Aufgaben pünktlich und gewissenhaft, weil es nicht anders ging, er rückte regelmässig von einer Klasse in die andere auf, doch verhielt er sich den Wissenschaften gegenüber innerlich gleichgültig. Je mehr in den höheren Klassen das Spezialstudium der Rechtslehre in den Vordergrund trat, desto weniger Geschmack vermochte Peter dieser Wissenschaft abzugewinnen. Nächst der Jurisprudenz war die Mathematik dasjenige Fach, für welches er die geringste Neigung zeigte. Er konnte sich in dieser ihm schwer zugänglichen Wissenschaft so wenig zurecht finden, dass er einst in unbeschreibliches Entzücken gerieth, als es ihm durch Gott weiss welchen Glückszufall in der Quinta einmal gelang, eine mathematische Aufgabe ohne fremde Hülfe richtig zu lösen — ein Ereigniss, dass sich freilich nicht oft wiederholte! Sein Streben ging lediglich dahin, die Abgangsprüfungen genügend zu bestehen und sich den Rang eines Titulärraths zu erwerben, den die angehenden Beamten gewöhnlich erhielten. Als er im Jahre 1859 die Schule verliess, wurde er ein gewissenhafter, aber unbegabter Arbeiter, dem wohl nur geringe Erfolge in seiner Laufbahn beschieden gewesen wären. Zeichnete er sich in seinen Studien in keiner Weise vor Anderen aus, so war die allgemeine Liebe und Zuneigung, die er sich bei Kameraden und Lehrern zu erringen wusste, desto bemerkenswerther. Mit vielen seiner damaligen Mitschüler verknüpften ihn enge Freundschaftsbande bis an sein Lebensende.

Massloff, ein einstiger Mitschüler Tschaikowskys, sagt in seinen Erinnerungen:

„Tschaikowsky war der Liebling nicht nur seiner Kameraden, sondern auch der Vorgesetzten, grösserer und ausgedehnterer Sympathie erfreute sich Niemand. Anfangend von seinem angenehmen Aeussern, war alles an ihm anziehend und verschaffte ihm eine völlige Ausnahmestellung."

Gerard, ein anderer Jugendfreund Peters, sagt von ihm:

„Sein Zartgefühl in den Beziehungen zu allen Kameraden machte Tschaikowsky zum allgemeinen Liebling. Ich erinnere mich keines ernsteren Streites, den er je gehabt hatte, noch einer Feindschaft mit irgend Jemand!"

Nach den übereinstimmenden Schilderungen aller seiner damaligen Schulfreunde war er als Knabe unordentlich in seinem Aeusseren. Seine Hefte und Bücher lagen in chaotischem Durcheinander in seinem Pult, in welchem seine Kameraden ungenirt nach den Lehrbüchern kramten, die sie gerade brauchten. Einst bereitete er sich gemeinschaftlich mit einem Mitschüler für die Prüfungen vor. Um ungestörter arbeiten zu können, begaben sich die Beiden in die unter dem Namen „Sommergarten" bekannten Anlagen. Da Peter es sehr umständlich fand, seine Bücher immer mit sich zu tragen, verwahrte er sie jedes Mal in der Höhlung einer alten Linde, in welcher er sie schliesslich vergass. Schadúrsky, der diese Erinnerung an seinen früheren Schulkameraden mittheilt, setzt hinzu:

„Nach langjähriger Trennung von Peter war es mir eine grosse Ueberraschung, zu erfahren, dass er sich später durch Gewissenhaftigkeit in der Erfüllung seiner Pflichten und Sauberkeit der äussern Erscheinung auszeichnete. Als ich ihn kannte, konnte nur der ganz ungewöhnliche, nicht zu beschreibende Zauber seiner Persönlichkeit die Zerstreutheit, Unordentlichkeit und Nachlässigkeit Tschaikowskys vergessen lassen."

In seiner musikalischen Entwickelung zeigt sich während seiner Schulzeit wenigstens in den ersten Jahren, kein merklicher Fortschritt. Er phantasirte nach wie vor gern am Klavier und erfand mit Leichtigkeit Tänze aus dem Stegreif, sobald man es von ihm verlangte; er setzte seine Kameraden durch gewisse, ihnen unbegreifliche Kunststücke in Erstaunen, wenn er z. B. angeschlagene Töne, ohne die Tasten zu sehen, richtig benannte, oder auf der mit einem Tuche verhüllten Klaviatur ungestört weiter spielte, es kam aber Niemand in seiner Umgebung in den Sinn, eine hervorragende musikalische Begabung bei ihm vorauszusetzen oder gar den zukünftigen Meister der Töne in ihm zu ahnen. Er hatte in diesen Jahren wahrscheinlich kein deutliches Gefühl seiner wahren Bestimmung, die Keime, die einst so mächtig aufblühen sollten, schlummerten noch, ihm selber unbewusst, tief verborgen in seinem Innern. Nur ganz selten mochte ihm der Gedanke kommen, dass die Beschäftigung mit der Tonkunst dereinst sein Leben ausfüllen sollte. In der Mitte des neunzehnten Jahrhunderts konnte die Idee, ein Musiker von Fach zu werden, überdies nur wenig Verlockendes für einen Russen haben. Es gab damals weder Konservatorien noch eigentliche Konzertinstitute, die Leitung der Opernbühnen, welche zudem nur in wenigen Städten des Riesenreiches vorhanden waren, lag ausnahmslos in den Händen fremder Künstler; die einheimischen Tonkünstler von Beruf bildeten eine wenig zahlreiche und gering geschätzte Kaste. Diese Umstände erklären zur Genüge die sonst schwer begreifliche Thatsache, dass fast sämmtliche namhaften russischen Komponisten in unserer Auffassung Dilettanten waren, indem sie die Musik bei anderem Lebensberufe nur nebenher betrieben. Ziehen wir die damaligen Zeitverhältnisse in Betracht, so mindert sich das Befremden darüber, dass wir von Rimsky-Korssakoff als einem Seeoffizier, Borodin einem gelehrten Chemiker, Cäsar Cui als einem General hören. Ganz ohne musikalische Anregung verstrichen die Schuljahre Peters indessen nicht. Eine Verwandte, Katharina Andréjewna Alexéjeff, welche nicht übel sang, nahm öfter die Dienste Peters als Begleiter zum Gesang in Anspruch. Er wurde nicht müde, mit ihr den Klavierauszug des Don Juan durchzugehen. Tschaikowsky war in allen Perioden seines Lebens ein glühender Verehrer des Mozartschen Genius und vertiefte sich immer wieder aufs Neue bewundernd in das dramatische Meisterwerk, das schon dem Knaben als das unerreichbare Ideal aller musikalischen Vollkommenheit erschienen war. Starke und nachhaltige Eindrücke verdankte Peter auch Webers Freischütz und dem „Leben für den Zaren" von Glinka. Als Schüler der höheren Klassen besuchte er häufig die italienische Oper, deren leuchtendste Sterne damals Tamberlik, Debassini und Andere waren und berauschte sich an den süssen, einschmeichelnden Melodien, die er eine Zeitlang aller anderen Musik vorzog. In der Rechtsschule wirkten einige Musiker mittleren Schlages als Klavierlehrer, es ist aber ungewiss, ob Peter an ihrem Unterricht theilnahm, hingegen war er eine Stütze des kleinen

Rudolf Kündinger.

Schulchores, welcher bei dem Gottesdienste in der Anstaltskirche mitzuwirken hatte. Bekanntlich schliesst der griechisch-katholische Ritus die Verwendung der Orgel in der Kirche aus, so dass dem Chore eine wichtige und umfangreiche Rolle zufällt. Der Gesangslehrer Lomákin hatte bald die grosse Sicherheit und das hervorragende Gehör des Knaben bemerkt und stellte ihn mit Vorliebe an gefährliche Posten als Führer der Stimmen bei besonders schwierigen Einsätzen. In der Prima wurde er sogar eine Zeitlang als Regens chori verwendet, er war aber dieser Aufgabe nicht recht gewachsen und verstand es nicht, sich bei seinen gleichaltrigen Kameraden den nöthigen Respekt zu verschaffen. Im Jahre 1855 fand es Tschaikowskys Vater, der das musikalische Talent des Knaben mit grösserer

Theilnahme verfolgte, als die übrigen Familienmitglieder, für nöthig, Peter der Fürsorge eines tüchtigen Lehrmeisters anzuvertrauen. Seine Wahl fiel auf den bedeutenden PianistenRudolf Kündinger, einen Deutschen von Geburt, der noch heute in hochangesehener Stellung in Petersburg lebt. Kündinger, am 2. März 1832 in Nürnberg geboren, war der Sohn eines tüchtigen Musikers, des Kantors Wilhelm Kündinger. Seine Fertigkeit im Klavierspiel entwickelte sich schon sehr frühzeitig, als dreizehnjähriger Knabe konnte er sich bereits in den Konzerten seines Vaters mit Beifall hören lassen, auch seine Brüder August und Kanut zeichneten sich als vorzügliche Virtuosen auf der Violine und dem Violoncell aus. August Kündiger, der einige Jahre in russischen Diensten stand, war eine Zeitlang der Lehrer Tschaikowskys in der Theorie. R. Kündinger kam als Jüngling nach Petersburg, er erregte zuerst durch den virtuosen Vortrag eines Littolffschen Konzerts in einer musikalischen Veranstaltung der Universität Aufsehen, 1860 wurde er Pianist der Grossfürstin Alexandra Josephowna, übernahm später eine Professur am neubegründeten Konservatorium, die er bald wieder aufgab, um sich gänzlich dem Konzertiren und dem Privatunterricht widmen zu können.

Der Unterricht fand Sonntags Vormittags im elterlichen Hause Peters statt. Diesem gediegenen Lehrmeister verdankte der Knabe die Bekanntschaft mit ernsterer deutscher Musik, eine Bekanntschaft, die ihm zu grossem Nutzen gereichte, da er Gefahr lief, sich gänzlich von dem Sirenengesange der Italiener bethören zu lassen. Von Tschaikowsky gefragt, ob er den Sohn für die musikalische Laufbahn geeignet halte, antwortete Kündinger verneinend. Peter konnte nur wenig Zeit auf seine Klavierübungen verwenden und machte keine merklichen Fortschritte im Technischen, so dass Kündinger nicht hoffen konnte, ihn zu einem hervorragenden Virtuosen zu erziehen, in der Komposition besass Peter nur eine gewisse Fertigkeit, gefällige Tanzstücke zu improvisiren, da ausserdem die Aussichten auf eine erfolgreiche Carrière in Russland um diese Zeit äusserst misslich waren, rieth Kündinger von diesem Berufe ab. Das Einzige, womit Peter den Lehrer zuweilen auf das Höchste überraschte, waren seine meist sehr treffenden Vorschläge zur Veränderung gewisser Harmonien in den Kompositionen Kündingers. Als Tschaikowskys Vater im Jahre 1858 sein Vermögen verlor, wurde der Unterricht eingestellt.

Im Alter von etwa 16 Jahren machte Peter die Bekanntschaft des neapolitanischen Gesangslehrers Piccioli, der sich in den vierziger Jahren in Petersburg niedergelassen hatte. Piccioli, ein Mann von feurigem, lebhaftem Temperament, schloss bald einen innigen Freundschaftsbund mit dem Jünglinge, dessen Grossvater er hätte sein können.

Die Verbindung mit Piccioli brachte Tschaikowsky einerseits grossen Nutzen, er wurde mit der Schönheit und Leistungsfähigkeit der menschlichen Stimme vertraut und lernte den Werth einer ausdrucksvollen, wahrhaft gesangsmässigen Melodie schätzen, andererseits lag aber für den jungen, in seinem Urtheile noch ganz unselbständigen Mann eine nicht zu unterschätzende Gefahr in dem Verkehr mit dem einseitigen Italiener, welcher auf den Altären der Kunst ausser den Göttern Rossini, Donizetti und Bellini keine anderen verehrt wissen wollte und für das Schaffen eines Bach, Mozart und Beethoven nur ein mitleidiges Lächeln hatte. Liess sich Peter Iljitsch nun zwar in seiner Begeisterung für den Schöpfer des Don Juan nicht beirren, schätzte er wie zuvor auch Weber und Glinka sehr hoch, so blieben doch die von einem gewissen Fanatismus durchglühten Lobreden Picciolis zu Gunsten der italienischen Kunst nicht ohne Einfluss auf den Jüngling. Vor seinem Eintritte in das Konservatorium zu Petersburg (1862) waren ihm Bach und Händel völlig unbekannte Grössen, höchstens wusste er aus Gesprächen mit seinem italienischen Meister von ihnen, als unausstehlich trockenen, alten Herren, die grundgelehrte, über alle Maassen langweilige Musik produzirt haben sollten. Er erblickte in der Oper den Höhepunkt alles musikalischen Schaffens und kannte von den symphonischen Werken der grossen klassischen Meister nur die wenigen, welche er zufällig mit anderen Dilettanten vierhändig gespielt hatte. Die Möglichkeit eine Symphonie Mozarts oder Beethovens vom Orchester zu hören, bot sich überdies dazumal in Petersburg selten genug. An gewissen Sonntagen fanden in der Aula der Universität Orchesterkonzerte statt, die von Karl Schubert geleitet wurden. Die Mitwirkenden waren Studenten und einige Fachmusiker. Dieses Orchester spielte im Laufe des Jahres eine Anzahl der leichteren Symphonien ab — gewöhnlich ohne Probe! Kündinger führte seinen Schüler bisweilen in diese Aufführungen, welche vor der Begründung der „Musikgesellschaft" und ihrer Konzerte einzig und allein die Bekanntschaft mit klassischer Orchestermusik vermittelten. Der Sinn für diese Musikgattung war noch vor wenig Jahrzehnten bei dem russischen Publikum völlig unentwickelt. Auf dem Programm der von Virtuosen mit Herbeiziehung des Orchesters

gegebenen Konzerte figurirten die von demselben vorzutragenden Stücke ganz häufig nur unter den Gattungsbezeichnungen: Ouverture, Marsch u. s. w. Es interessirte die Hörer nicht, die Namen der Autoren dieser Werke zu erfahren, man nahm in naiver Harmlosigkeit an, dass die Einschiebung dieser Nummern nur zu Gunsten des erholungsbedürftigen Konzertgebers stattfindet. Die beiden Brüder Anton und Nicolai Rubinstein erwarben sich unvergessliche Verdienste um die öffentliche Musikpflege im Lande. Der Wirkungskreis Antons war Petersburg, indess Nicolai in Moskau mit beispielloser Energie den Kampf wider die Gleichgültigkeit der Menge führte und ausgerüstet mit einem bewundernswerthen Organisationstalent geordnete, ja blühende musikalische Zustände schuf. Eine erhebliche Förde=

Nicolai Rubinstein.*)

rung fanden die Bestrebungen der beiden Brüder durch die rege Antheilnahme kunstsinniger Mitglieder der Zarenfamilie, unter denen die Grossfürstin Helena Páwlowna und der Grossfürst Konstantin Nikolájewitsch mit besonderer Auszeichnung genannt werden müssen. In den beiden russischen Residenzen suchten die rastlosen Pioniere der Kunst sich ihrem Endziele auf ähnlichen Wegen zu nähern. Zuerst begründeten sie symphonische Aufführungen, um das Publikum allmählich edleren Kunstgenüssen zugänglich zu machen; später errichteten sie Musikschulen, in welchen anfänglich nur Chorgesang und Elementartheorie gepflegt wurde, bis allmählich die übrigen Fächer aufgenommen werden konnten und endlich die Eröffnung grosser Konservatorien mit umfassendem Lehrplane möglich wurde. Anton Rubinstein gelang es, im Jahre 1862 das Petersburger Konservatorium in das Leben zu rufen. Die Petersburger Schule zählte, zum Theil schon vor der Umwandlung in ein eigentliches Konservatorium, ausser dem unvergleichlichen Meister Anton Rubinstein, eine ganze Reihe von Künstlern hohen Ranges zu den Ihrigen, darunter die Pianisten Dreyschock und Leschetitzky, den Geiger Heinrich Wieniawsky, den

Anton Rubinstein.*)

Violoncellisten Karl Davidoff, den Theoretiker Nicolaus Saremba und die Gesangsmeisterin Nissen-Salomon.

---

*) Nach Bildern des musikhistorischen Museums Fr. Nicolas Manskopf in Frankfurt a. M.

DIE BEAMTENLAUFBAHN UND DIE MUSIKALISCHEN STUDIENJAHRE (1859—66).

Im Jahre 1859 hatte Tschaikowsky die Rechtsschule beendet und sass bald darauf als Sekretär in der Kanzlei des Justizministeriums. Er ging gewissenhaft an die Erledigung seiner neuen Pflichten, fühlte aber allmählich immer deutlicher, dass er nicht zum Beamten geboren sei. In seinen dienstfreien Stunden gab er sich allen Zerstreuungen hin, welche die Residenz ihm bot, fast jeden Abend brachte er in Tanzgesellschaften oder in der Oper zu. Die immer mehr erstarkende Liebe zur Kunst und die ebenso stetig wachsende Abneigung gegen seinen Beruf erregten einen Zwiespalt in seinem Innern, den er im wilden Taumel unaufhörlicher Vergnügungen zu vergessen strebte. Die Stimme in ihm, welche ihn an seine wahre Bestimmung mahnte, tönte aber immer eindringlicher und die Momente, in denen der Gedanke an einen Wechsel seines Berufes sich ihm aufdrängte, wurden häufiger. Der Vater legte Peter Iljitsch keine Hindernisse in den Weg, sondern er unterstützte im Gegentheil die musikalischen Neigungen des jungen Mannes. Ilja Petrowitsch hätte einem ernstlich ausgesprochenen Wunsche des Sohnes in seiner grossen Milde und Herzensgüte wohl auch dann kaum auf die Dauer widerstrebt, wenn dieser Wunsch nicht ganz im Einklang mit seinen eigenen Ansichten gestanden hätte. Einige Zeilen aus einem Briefe, den Peter am 22. März 1861 an seine Schwester Alexandra richtete, geben Kunde von der Unschlüssigkeit und der Muthlosigkeit, die sich seiner bemächtigt hatten.

„Beim Abendessen (im häuslichen Kreise) kam man auf mein musikalisches Talent zu sprechen. Papa versicherte, dass es noch nicht zu spät für mich sei, ein Künstler zu werden. Es wäre schön, wenn es möglich wäre! Aber die Sache ist die, wenn ich Talent habe, so ist es gewiss schon zu spät dasselbe auszubilden. Man hat einen Beamten aus mir gemacht und zwar einen schlechten: ich bemühe mich nach Kräften, mich zu bessern, mich ernsthafter dem Dienste zu widmen — mit einem Male soll ich gleichzeitig den Generalbass studieren!"

Feste Entschlüsse reiften für jetzt noch nicht in der Seele des jungen Beamten, aber er fühlte bereits, dass er sich zu einer Entscheidung werde aufraffen müssen. Vorläufig liessen neue Eindrücke alle diese Gedanken auf einige Zeit in den Hintergrund treten. Ein Bekannter schlug ihm vor, ihn auf einer Reise nach dem Westen zu begleiten. Im Juni schreibt Peter der Schwester:

„Ich reise in das Ausland! Du kannst Dir mein Entzücken vorstellen, besonders wenn Du bedenkst, dass die Reise, wie sich herausstellt, mich fast gar nichts kosten wird, ich werde etwas in der Art eines Sekretärs, Uebersetzers oder Dragomans von W. W. sein. Freilich wäre es angenehmer, wenn ich diese Pflichten nicht zu erfüllen hätte, aber was ist zu machen? Diese Reise erscheint mir wie ein verführerischer, unwahrscheinlicher Traum. Ehe ich nicht auf dem Dampfschiff sein werde, kann ich nicht glauben, dass das alles wirklich wahr ist Ich in Paris! in der Schweiz! Das ist lächerlich!"

Peter Iljitsch kam etwas ernüchtert von diesem grösseren ersten Ausfluge in die Welt zurück. Er war in keiner Weise vorbereitet auf all das Neue, das ihm bei jedem Schritte aufstiess und taxirte in seinem jugendlichen Leichtsinn Länder und Städte nur nach dem Maasse von Amüsement, das sie ihm geboten hatten. Er sah Berlin, Hamburg, Brüssel, Antwerpen und hielt sich in London und Paris einige Zeit auf. Modest Tschaikowsky macht in seiner Beschreibung dieser Reise seines Bruders die folgende, für den deutschen Leser vielleicht nicht uninteressante Anmerkung:

„Der erste Ort, in welchem die Reisenden sich vier Tage aufhielten, war Berlin. Indem er der Gewohnheit eines jeden Russen, welcher in das Ausland reist, seinen Tribut zollte, auf diese Stadt aus Leibeskräften zu schimpfen, schildert er dessen ungeachtet seine Eindrücke nicht bestimmt; einerseits erscheint ihm Alles in Berlin miserabel und elend, andererseits gesteht er ein, dass sogar dieses „schandbare" Berlin ihn interessire. In reifern Jahren sprach er verächtlich und mit Unwillen über seine damaligen Ansichten und zählte Berlin zu den Städten Europas, die ihm am liebsten waren."

In einem im November des Jahres 1861 geschriebenen Briefe theilt er der Schwester die Eindrücke seiner Reise mit und giebt zugleich eine merkwürdige Schilderung seiner selbst.

„Du wirst nicht glauben, wie ich glücklich war, als ich nach Petersburg zurückkehrte Ich gestehe, ich habe eine grosse Schwäche für die russische Hauptstadt. Was ist zu machen Ich habe mich zu fest hier eingelebt: alles, was meinem Herzen theuer ist, befindet sich hier und ausserhalb Petersburgs erscheint mir das Leben nicht lebenswerth! Ausserdem ist man guter Dinge, wenn die Tasche nicht gar zu leer ist und in der ersten Zeit nach meiner Heimkehr hatte ich eine ganz hübsche Zahl von Rubeln zur Verfügung. Du kennst meine schwache Seite. Habe ich Geld im Sack, so mache ich mir damit vergnügte Tage: das ist banal und dumm. Ich weiss, wenn ich genau überlege, dass ich kein Geld für Vergnügungen übrig habe ich habe gehörige Schulden, die bezahlt sein wollen, ich habe weit dringendere Bedürfnisse, aber ich denke an nichts (wieder in Folge meiner Charakterschwäche) und amüsire mich! So ist einmal mein Charakter! Wie werde ich enden? Was erwartet mich in der Zukunft? Es ist mir bange daran zu denken! Ich weiss, dass ich früher oder später (eher früher!) ausser Stande sein werde, den Kampf mit den Schwierigkeiten des Lebens zu bestehen und in Trümmer gehen werde, doch bis dahin geniesse ich das Leben wie ich kann und opfere Alles dem Genusse!"

Das Bestreben, alle quälenden Zweifel in einem fortgesetzten Vergnügungsrausche zu ersticken, beherrschte ihn noch immer, aber zwischen den Zeile des Briefes lesen wir deutlich die wachsende Unzufriedenheit mit sich und de Richtung, die sein Leben genommen hatte.

Bald darauf that Tschaikowsky den ersten bedeutungsvollen Schritt auf dem Wege, der ihn dem Musikstudium zuführen sollte; in einem Postscriptum des soeben erwähnten Briefes theilt er der Schwester mit, dass er begonnen habe, theoretischen Unterricht zu nehmen, und dass er im Generalbass gute Fortschritte mache.

Als Vorläufer des eigentlichen Konservatoriums waren damals in Petersburg Lehrkurse für einzelne Fächer der Tonkunst ins Leben gerufen worden. Die Grossfürstin Helena Pawlowna hatte dem jungen Unternehmen in dem ihr gehörigen, sogenannten Michaelspalais eine Zufluchtsstätte gegeben. Peter Iljitsch wurde der Schüler des an dieser Anstalt wirkenden bedeutenden Theoretikers Nikolaus von Saremba. Saremba, geb. 1821, beendete die Universität und trat in den Staatsdienst ein, den er jedoch bald verliess, um in Berlin bei Marx eifrigen theoretischen Studien obzuliegen. Bei der Gründung der musikalischen Gesellschaft trat er 1859 als Lehrer der Theorie in die neu errichtete Musikschule und wurde im Jahre 1862 Professor des Konservatoriums, welches Anton Rubinstein in diesem Jahre eröffnete.

Peter Iljitsch betrieb seine musikalischen Studien eine Zeitlang nur mehr nebenher, er that gleichsam tastend die ersten schüchternen Schritte in das Land, das noch in Dunkel gehüllt vor ihm lag. Je weiter er voranschritt, desto wichtiger wurde ihm die Beschäftigung mit der Musik, seine Studien lagen ihm bald so am Herzen, dass er bereit war, ihnen zu Liebe auf jede Förderung im Dienste zu verzichten, die mit der Versetzung in eine Provinzialstadt verbunden war. Er begann das Walten eines ihm innewohnenden ungewöhnlichen Talentes immer deutlicher wahrzunehmen, misstraute aber der eigenen Charakterfestigkeit. Diese Bedenken hielten ihn noch davon ab, der Beamtenkarrière gänzlich zu entsagen, ja im Sommer des Jahres 1862 arbeitete er eifriger denn je in seinem Dienste, da er sicher hoffte, bei der ersten Vakanz die nächsthöhere Staffel der bureaukratischen Rangleiter zu erklimmen und den Posten eines Bureauvorstehers zu erhalten. Seine Enttäuschung war gross, als er erfuhr, dass man ihn übergangen und einen Andern mit dem Amte belehnt habe. Dieser Umstand trug viel dazu bei, die Bande noch mehr zu lockern, welche Tschaikowsky mit seinem Berufe verknüpften. Im September 1862 trat Peter Iljitsch als Schüler in das soeben eröffnete Konservatorium ein, ohne indessen den Dienst zu quittieren.

Er schreibt der Schwester darüber die nachfolgenden Zeilen:

„Ich bin in das neugegründete Konservatorium eingetreten, der Kursus beginnt in den nächsten Tagen. Im vorigen Jahre habe ich mich, wie Du weisst, viel mit der Theorie der Musik beschäftigt und jetzt habe ich mich entschieden davon überzeugt, dass ich über kurz oder lang den Dienst mit der Musik vertauschen muss. Glaube nicht, dass ich mir einbilde, ein grosser Künstler zu werden — ich will einzig und allein dasjenige thun, wozu mich mein innerer Beruf treibt. Werde ich nun ein grosser Komponist oder ein armer Lehrer, in jedem Falle wird mein Gewissen ruhig sein und ich werde nicht die traurige Berechtigung haben, mit dem Schicksal und den Menschen zu rechten. Den Dienst gebe ich natürlich erst auf, sobald ich zu der unumstösslichen Ueberzeugung gelange, dass ich ein Künstler und kein Beamter bin."

In den Briefen des jungen Mannes fehlt von diesem Zeitpunkte an jede Erwähnung der bis dahin so eifrig gesuchten Vergnügungen. Er benutzte jede freie Minute, die ihm der Dienst liess, zu angestrengter Arbeit und sass oft bis tief in die Nacht hinein über der Lösung kontrapunktischer Probleme. Die Geselligkeit hatte ihren früheren Reiz gänzlich für ihn verloren, er begann Alles zu hassen, was ihn von der Kunst ablenken konnte, der er sich von nun an mit ganzer Seele hingab und suchte nur den Umgang gleichstrebender Gefährten.

Gleich im Beginne seiner Studienzeit machte er die Bekanntschaft eines Jünglings, der ihm ein treuer und anregender Freund für das Leben wurde. Dieser, um fünf Jahre jüngere, Studiengenosse Peter Iljitschs war Hermann Laroche, ein von deutschen Eltern stammender Petersburger. Laroche, der schon in so jungen Jahren neben seiner grossen musikalischen Begabung durch ungewöhnliche Belesenheit und ausgedehnte Sprachkenntnisse hervorragte, hat auf dem Gebiete der damals in Russland tief darniederliegenden musikalischen Kritik bahnbrechend gewirkt. Seine geistsprühenden, glänzend geschriebenen Aufsätze sind dem Besten beizuzählen, das die Musikliteratur besitzt. Seine „Erinnerungen an Tschaikowsky" zeigen uns den verewigten Meister in oft überraschend neuer scharfer Beleuchtung.

Professor Hermann Laroche.

Die beiden jungen Leute waren bald unzertrennliche Gefährten, Tschaikowsky legte dem Freunde gern seine Kompositionsversuche vor und schätzte sein Urtheil sehr hoch. In der ersten Zeit ging Peter Iljitsch nach wie vor zu den Amtsstunden in seine Kanzlei, er sah aber endlich ein, dass sich Dienst und Kunst nicht länger vereinigen liessen und forderte seinen Abschied, der ihm am 1. (13.) Mai des Jahres 1863 bewilligt wurde. Nicht alle die Seinigen waren einverstanden mit dem entscheidenden Schritt, den der junge Mann endlich gewagt hatte; seine Schwester äusserte lebhafte Besorgnisse in Betreff der Zukunft und der alte griesgrämige Onkel Peter Petrowitsch gab seinen Unwillen mit den drastischen Worten kund; „Nein dieser Peter, dieser Peter! Nun hat er gar die Jurisprudenz mit dem Dudelsack vertauscht!"

Wie klar Tschaikowsky selbst aber der Weg war, den er zu gehen hatte, ersehen wir aus einem Briefe, welchen er im April 1863 an seine Schwester richtete.

„Du wirst wahrscheinlich meine musikalische Begabung nicht in Abrede stellen und auch nicht, dass die Musik das Einzige ist, wozu ich tauge. Wenn dem so ist, versteht es sich von selbst, dass ich Alles opfern muss, um das zu entwickeln und zu fördern, was Gott in mich gelegt hat. In dieser Absicht begann ich mich ernsthaft mit der Theorie der Musik zu beschäftigen. Bisher verhinderte mich das nicht, mich irgendwie mit dem Dienste abzufinden und so blieb ich im Ministerium. Da meine Beschäftigungen aber immer ernster und schwieriger werden, muss ich natürlich Eines wählen: gewissenhaft meinen Dienst zu thun, ist mir bei meinen musikalischen Studien unmöglich; für nichts und wieder nichts mein Gehalt zu beziehen geht nicht an, es würde auch nicht geduldet werden, folglich bleibt nur das Eine, meinen Dienst zu verlassen, umsomehr als ich immer wieder zu ihm zurückkehren kann. — Folgere nicht daraus, dass ich beabsichtige, Schulden zu machen, oder dass ich anstatt des bisherigen Gehaltes Geld von Papa erbetteln will, dessen Lage jetzt durchaus nicht glänzend ist Natürlich gewinne ich in materieller Beziehung nichts, aber erstens hoffe ich im nächsten Jahre eine Stellung im Konservatorium zu erhalten (als Gehülfe des Professors) zweitens habe ich mir für das nächste Jahr schon einige Stunden verschafft und drittens — das ist die Hauptsache — haben sich meine Ausgaben auf ein Minimum beschränkt, da ich auf alle gesellschaftlichen Vergnügungen, auf elegante Kleidung u. s. w. völlig verzichtet habe. Hierauf wirst Du wahrscheinlich fragen, was denn nach meiner Studienzeit schliesslich aus mir werden soll.

Das Eine weiss ich gewiss, dass ein guter Musiker aus mir werden wird und dass ich immer mein tägliches Brod haben werde. Alle Professoren im Konservatorium sind mit mir zufrieden und sagen, dass ich bei ernstlichem Streben viel erreichen kann. Alles eben Gesagte schreibe ich nicht aus Prahlerei (wie mir scheint, liegt das nicht in meinem Wesen), sondern ich rede mit Dir aufrichtig ohne alle falsche Bescheidenheit. Ich träume davon, nach beendetem Konservatoriumsstudium auf ein ganzes Jahr zu Dir zu kommen, um inmitten der Ruhe und Stille etwas Grosses zu schreiben und dann will ich in die Welt, die Feuerprobe zu bestehen!"

Kurz nach der Einreichung des Abschiedsgesuches waren Ereignisse eingetreten, welche die pekuniäre Lage der Familie sehr ungünstig gestalteten. Sein vorgerücktes Alter und allerlei Differenzen mit der vorgesetzten Behörde hatten Peters Vater bewogen, seine Stellung am technologischen Institut aufzugeben. Er musste von seiner kleinen, etwa viertausend Mark betragenden Pension den Lebensunterhalt seiner Familie und die Kosten der Erziehung der beiden Zwillingsbrüder Modest und Anatol bestreiten und noch einen beträchtlichen Theil seines geringen Einkommens zur Tilgung von früheren Schulden verwenden. Ilja Petrowitsch vermochte Peter keine Unterstützung zukommen zu lassen und war nur im Stande, ihm ein einziges Zimmerchen der neuen sehr kleinen Wohnung einzuräumen. In dem dürftigen Raum, worin ausser dem Bette nur noch der Arbeitstisch des jungen Künstlers Platz finden konnte fühlte sich Peter Iljitsch dennoch glücklich und frei. Das lästige Joch, das ihm je länger, desto drückender erschienen war, lastete nicht mehr auf ihm, sein Weg lag deutlich vorgezeichnet vor ihm. Er war sich bewusst, keiner flüchtigen Laune nachgegeben zu haben und entschlossen allen Hindernissen zu trotzen. Was er der Schwester über seine Lebensweise geschrieben hatte, war die Wahrheit, aus dem vergnügungssüchtigen jungen Weltkinde war, gleichsam über Nacht, ein reifer, zielbewusster Mann geworden, der nur eine Leidenschaft, nur einen heissen Drang empfand — in seiner Kunst das Höchste zu leisten, was seine Kraft ihm gestattete. Das Wenige, was er bei seinen jetzigen äusserst bescheidenen Ansprüchen für sich gebrauchte, erwarb er durch Ertheilung von Privatstunden in der Theorie und im Klavierspiel, Anton Rubinstein war ihm behülflich gewesen, dazu Gelegenheit zu finden.

Als er endlich den Weg zu dem wahren Berufe seines Lebens gefunden hatte, begann Peter Iljitsch mit eiserner Energie die Arbeit an seiner Weiterbildung. Es war nicht nur sein Pflichtgefühl oder das Bewusstsein seiner ungenügenden pekuniären Lage, das ihn zur angestrengtesten Thätigkeit anspornte, nicht Ehrgeiz oder berechnender spekulativer Sinn — es erwachte in dem jungen Manne jener unstillbare Schaffensdrang, der sich in wahrhaft genialen Naturen äussert wie das unwiderstehliche Walten einer geheimnissvollen Naturkraft. Von seinem Lehrer Saremba liess er sich in den schwierigen Kombinationen kontrapunktischer Kunst unterweisen, Anton Rubinstein erschloss seinem Verständnisse den reichgegliederten Bau der mannigfachen musikalischen Kunstformen. Sein heller Verstand bewahrte Peter Iljitsch vor dem thörichten Dünkel der Pseudogenialität, die da meint, reife Früchte ernten zu können, ohne gesäet zu haben. Tschaikowsky liebte seine Studien, da er fühlte, dass sie ihm die Waffen schmieden und schärfen halfen und ihm das Rüstzeug seiner Kunst verliehen, ohne das kein dauernder Sieg zu erringen ist. Seine überraschend schnellen Fortschritte erregten nicht nur die Aufmerksamkeit seiner

Professoren, sondern bald auch die seiner Mitschüler und Freunde. Im Sommer des Jahres 1864 schrieb er auf dem Landgute des Fürsten Alexéj Galítzin sein erstes Orchesterwerk, eine Ouverture zu dem Drama seines Lieblings-dichters Ostrowsky „das Gewitter". Bald danach entstand ein symphonisches Werk in der Form eines russischen Tanzes, das später als „Tanz der Mägde" in seiner ersten Oper zur Verwendung kam. Als Tschaikowsky sich im folgenden Sommer auf dem Lande bei seiner Schwester im Gouvernement Kieff aufhielt, hatten einige seiner Petersburger Freunde ohne sein Vorwissen die Partitur der Komposition Johann Strauss zugestellt, welcher damals die populären Symphonie-konzerte im herrlichen Parke von Paw-lowsk leitete. In den letzten Tagen des Augustes 1865 führte der Walzerkönig das Werk des jungen Künstlers dem Publikum vor. Diese Aufführung ist als das erste öffentliche Debut des Komponisten zu be-trachten. Im Herbst desselben Jahres ver-liess der Vater Tschaikowskys, dem das Leben in der theuren Residenzstadt zu kostspielig geworden war, Petersburg. Peter Iljitsch hatte damit seine letzte Zuflucht-stätte verloren und war gänzlich auf sich selbst angewiesen. Er musste von nun an sein Leben kümmerlich genug fristen. Er lebte von dem geringen Ertrage einiger schlecht bezahlten Stunden und litt oft Mangel am Nothwendigsten. Alle diese misslichen Umstände vermochten ihm indessen nicht seine Schaffensfreudigkeit zu rauben. Nachdem er im Herbst eine Ouverture in F-dur vollendet hatte, welche noch ungedruckt ist, begann er im No-vember die Arbeit an einer von Anton Rubinstein gestellten Prüfungsaufgabe. Man muss gestehen, dass das gegebene Thema seltsam genug gewählt war, es bestand in der Komposition von Schillers

Johann Strauss. (Statuette von Tilgner.)
Aus der im gleichen Verlage erschienenen
illustrierten Johann Strauss-Biographie von
Rud. Freiherrn Procházka.
(„Berühmte Musiker". Band X.)

„Lied an die Freude" für Soli, Chor und Orchester. Tschaikowskys Jugend-arbeit mag dem Schlusssatze von Beethovens „Neunter" wohl keine gefährliche Konkurrenz gemacht haben, das Werk fand weder die Billigung Rubinsteins noch anderer musikalischer Grössen der Hauptstadt, wurde aber dennoch einstu-dirt und in einem Prüfungskonzerte des Konservatoriums im Palais der Gross-fürstin Helene Pawlowna am Ende des Jahres 1865 feierlich aufgeführt. Einer der Hauptvertreter der „jungrussischen Schule", welche sich durch äusserst radikale Anschauungen hervorthat und dem Schaffen Tschaikowskys lange

Zeit hindurch feindselig gegenübertrat, fällte in seinem Berichte in den russischen „Petersburger Nachrichten" das nachstehende sehr herbe Urtheil über das Werk und seinen Schöpfer:

„Der Komponist des Konservatoriums, Herr Tschaikowsky, ist ganz unfähig. Es ist wahr, seine Kantate ist unter den ungünstigsten Bedingungen geschrieben: er musste sie auf bestimmte Weisung hin, zu einem vorgeschriebenen Termin und nach einem gegebenen Thema komponiren. Aber dennoch würde er in dem Werke doch irgend einmal die Fesseln der Schule abgestreift haben, wenn er Talent besässe. Um die Sache mit Herrn Tschaikowsky kurz abzuthun, will ich nur sagen, dass die Herren Reinthaler und Volkmann ihre helle Freude an dieser Kantate gehabt hätten und entzückt ausgerufen hätten: das ist ein Mann nach unserm Herzen!"

Kurze Zeit nach dieser Aufführung verliess Tschaikowsky die Anstalt; als Auszeichnung für seinen Fleiss und als Anerkennung seiner Leistungen war ihm eine Medaille zuerkannt worden.

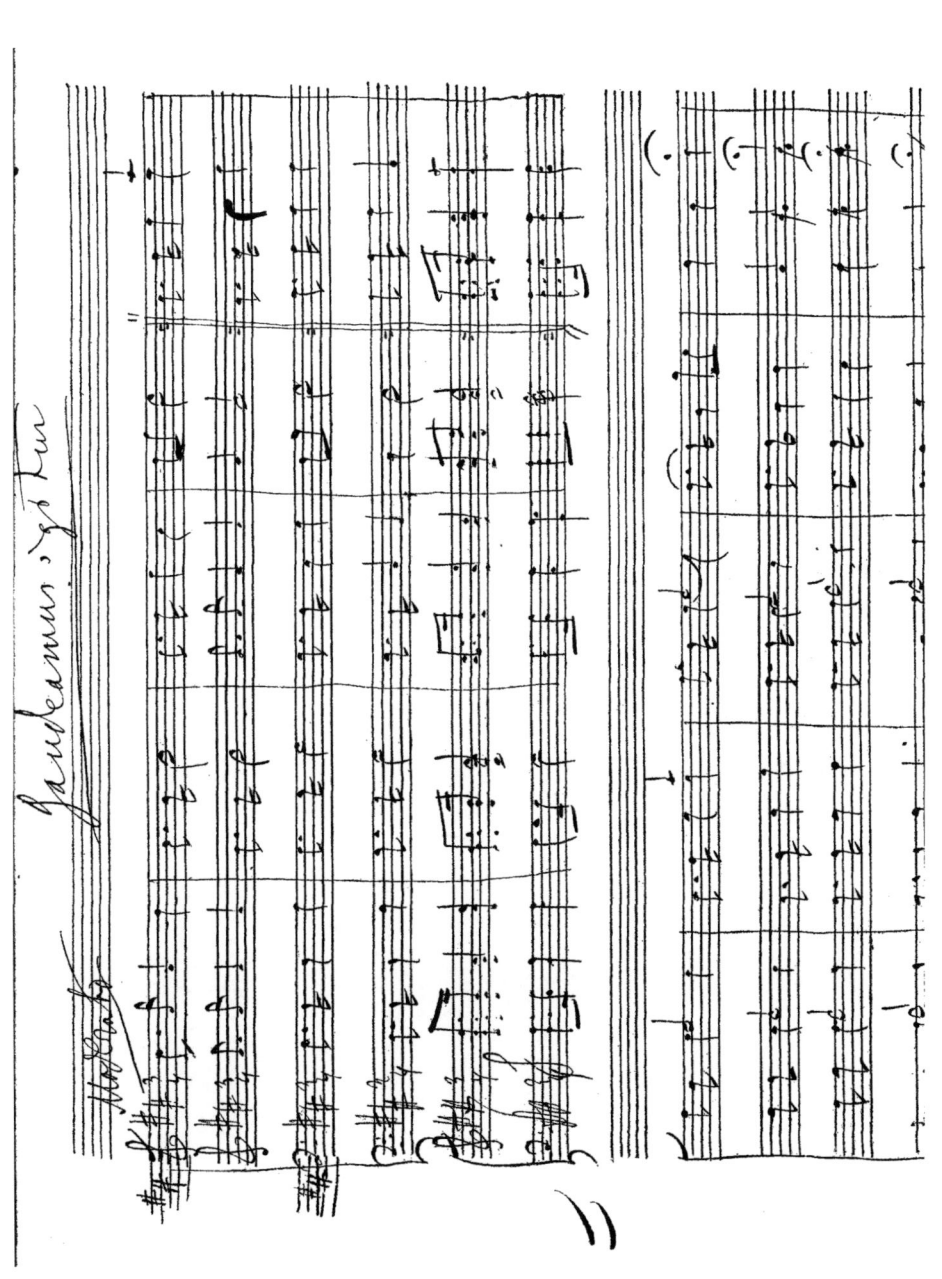

Moskau.

DIE MOSKAUER ZEIT.
TSCHAIKOWSKYS LEHRTHÄTIGKEIT (1866 – 1878).

Im Jahre 1865 wurde es Nicolai Rubinstein endlich möglich, die baldige Eröffnung eines vollständigen Konservatoriums in Moskau ins Auge zu fassen. Der bekannte Opernkomponist A. N. Sseróff hatte eingewilligt, den theoretischen Unterricht zu übernehmen, er zog jedoch nach dem kolossalen Erfolge, den seine Rognéda inzwischen in Petersburg errungen hatte, seine Zusage wieder zurück. Da im Dezember die Entlassung der ersten Reihe von Schülern, welche den vollen Kursus des Petersburger Konservatoriums beendet hatten, bevorstand, beschloss Rubinstein, aus diesen angehenden Künstlern eine geeignete Persönlichkeit auszuwählen. Er reiste in die Residenz, machte die Bekanntschaft Tschaikowskys, den ihm Kaschkin und Laroche als ein vielversprechendes Talent geschildert hatten und fühlte sich von dem jungen Manne so angezogen, dass er ihm die Stelle antrug. Obgleich das Konservatorium erst im Herbst des Jahres 1866 eröffnet werden sollte, traf der neuernannte Lehrer schon im Januar in Moskau ein, um zunächst den Unterricht in den bereits bestehenden Vorbereitungskursen zu übernehmen. Da die Anstalt nur über sehr ungenügende Mittel verfügte und Tschaikowsky mit einem bescheidenen Honorar vorlieb nehmen musste, lud Rubinstein den Künstler ein, in seiner eigenen Wohnung mit ihm zu leben. Peter Iljitsch präsentirte sich in Moskau in einer äusserst dürftigen Garderobe. Vor der grimmen Kälte des nordrussischen Winters schützte ihn ein ungewöhnlich abgetragener Pelz, den ihm ein Freund mitgegeben hatte; der einzige Anzug, den er besass, zeigte auch so deutliche Spuren eines langen Gebrauchs, dass der gutmüthige Nicolai Rubinstein seinen eigenen Kleiderschrank ausmusterte, um Peter Iljitsch auszuhelfen. Hier fiel ihm ein fast neuer Rock in die Augen, den der Violinvirtuose Heinrich Wieniawsky vor Jahren in Moskau vergessen hatte. Das Kleidungsstück erwies sich leider als etwas zu lang und zu weit für Tschaikowsky, dennoch war er froh über die unverhoffte Bereicherung seiner Garderobe. Die Haltung und die Manieren des jungen Künstlers waren so einnehmend, dass er ungeachtet seiner ärmlichen Kleidung bei dem ersten Erscheinen vor seinen

3

neuen Schülern den besten Eindruck machte. Peter Iljitsch nannte sich wiederholt einen schlechten Pädagogen, aber er that sich selbst Unrecht mit dieser Behauptung. War es auch zunächst die Nothwendigkeit des Broderwerbs, die ihn dem Lehramte zuführte, so zeichnete sich Peter Iljitsch doch stets durch musterhafte Pflichterfüllung und die Fähigkeit, lebendig und anschaulich zu erklären, vortheilhaft aus. Begabten Schülern, die ihn interessirten und anregten, ist er immer ein unschätzbarer Rathgeber gewesen. Sein Lehrbuch der Harmonie ist bis auf den heutigen Tag in den russischen Lehranstalten im Gebrauche. Die Thätigkeit an der Anstalt nahm ihn anfangs nicht besonders in Anspruch, ausserdem besass er die Kunst, durch eine geregelte Eintheilung seiner Beschäftigungen für Alles Zeit zu finden. Die Morgenstunden benutzte er besonders gern zur Arbeit an seinen Kompositionen, seine Abende brachte er im Kreise von Freunden zu oder widmete sie dem Besuche von Theater und Konzert. Anregungen aller Art brachten dem jungen Künstler die Versammlungen des sogenannten „Künstlerkreises", dem er eine Zeitlang als Mitglied angehörte. Hier lasen Schriftsteller von Bedeutung, wie Ostrowsky, Píssemsky, Graf W. Th. Ssollogúb und Andere ihre neuesten Schöpfungen vor oder man veranstaltete musikalische Vorträge, welche häufig durch die Mitwirkung durchreisender Virtuosen ersten Ranges besonderen Glanz erhielten. Den Aufführungen folgte gewöhnlich ein ungezwungenes Zusammensein bei einer Flasche Wein. Tschaikowsky war sehr mässig und suchte meist schon frühzeitig sein Heim auf. Die Stadt selbst war ihm Anfangs wenig sympathisch, der Schmutz der Strassen, das mangelhafte holprige Pflaster und sonstige Unbequemlichkeiten aller Art, an denen in der etwas zurückgebliebenen zweiten Hauptstadt des Riesenreiches kein Mangel war, erschienen dem verwöhnten Petersburger zuerst unerträglich, wenngleich ihn wiederum der märchenhafte Zauber des Kreml, der Kitáigorod (Chinesenstadt) genannte Stadttheil mit seiner abenteuerlichen Mauer, die zahlreichen architektonisch interessanten Denkmäler einer ehrwürdigen Vergangenheit auf das Höchste entzückten.

Tschaikowsky verknüpften ausserdem noch die innigsten Familien- und Freundschaftsbande mit Petersburg. So oft es seine spärlichen Geldmittel irgend gestatteten, reiste er in der letzten Wagenklasse der Eisenbahn nach Petersburg, um sich die Freude eines meist nur sehr kurzen Wiedersehens mit den Seinigen zu verschaffen. Bald nach seinem Eintreffen in Moskau war Peter Iljitsch von Nicolai Rubinstein aufgefordert worden, sich durch ein neues Werk bei dem Moskauer Publikum einzuführen. Er ging mit Eifer an die Komposition einer Ouverture für Orchester. Zu seinem grössten Missvergnügen wurde er im Komponiren fortwährend durch Uebungen gestört, welche aus den neben Rubinsteins Wohnung belegenen Klavierklassen zu ihm herübertönten. In dieser Noth verfiel er auf die originelle Idee, eine Zuflucht in dem gegenüberliegenden Theehause „Grossbritannien" zu suchen. Es verkehrten daselbst tagsüber nur wenig Besucher. Hier sass Peter Iljitsch über seine Arbeit gebeugt stundenlang beim Thee und beschrieb einen Bogen nach dem andern. Bald war das neue Stück, eine Ouverture in C-moll fertig in Partitur gebracht. N. Rubinstein fand kein Gefallen an der Komposition und forderte den arg enttäuschten Komponisten auf, die bereits in Petersburg geschriebene Ouverture in F-dur umzuarbeiten und zur Aufnahme in einem Symphoniekonzerte geeignet zu machen. Am 14. März 1866 kam das Stück in der neuen Gestalt zum Vortrage unter der Leitung

N. Rubinsteins. War auch der Erfolg kein aussergewöhnlicher, so wurde doch immerhin die Aufmerksamkeit der Kunstverständigen auf den jungen Schöpfer des Werkes gelenkt. Tschaikowsky machte sich an eine neue Arbeit und skizzirte einen Theil seiner ersten Symphonie in G-moll „Winterträume".

Nicolai Rubinstein, F. Laub und B. Cossmann.

Am 13. September 1866 fand die feierliche Eröffnung des Moskauer Konservatoriums statt. Die Geldmittel der Anstalt waren gering, die äussere Ausstattung fiel daher sehr einfach aus, desto grösseres Gewicht hatte man darauf gelegt, bedeutende Lehrkräfte zu gewinnen; ausser den bewährtesten Tonkünstlern Moskaus waren noch zwei Virtuosen von europäischem Rufe, der Geiger F. Laub und der Violoncellist Bernhard Cossmann in das Lehrerkollegium berufen worden. Die beiden deutschen Meister verherrlichten die Eröffnungsfeierlichkeiten durch ihre mit frohem Jubel aufgenommene hohe Kunst. Tschaikowsky, der bei dem Festmahle eine inhaltsreiche formvollendete Rede gehalten hatte, eröffnete den Reigen der musikalischen Vorträge mit der Ouverture zu „Russlan und Liudmilla" von Glinka, indem er betonte, dass der Schöpfer der russischen Musik der erste Komponist sein müsse, der in dem neuen nationalen Konservatorium zu Worte kommen solle. Tschaikowsky liebte es im Allgemeinen nicht, öffentlich zu spielen, obgleich er ein sehr gewandter Pianist war. Eine interessante Schilderung des Klavierspiels Tschaikowskys im Jahre 1862 entwirft Laroche in seinen russisch geschriebenen Erinnerungen an den Meister:

„Er spielte sehr gut, gewandt und glänzend und war im Stande, die allerschwierigsten Stücke auszuführen. Für meinen damaligen Geschmack war sein Vortrag ein wenig derb, nicht genügend warm und empfindungsvoll — so recht der Vorstellung entgegengesetzt, die sich der Leser von heute wohl davon machen wird. Die Sache erklärt sich damit, dass Peter Iljitsch sich vor Sentimentalität wie vor dem Feuer fürchtete, in Folge dessen liebte er im Klavierspiel kein übertriebenes Hervorheben und spöttelte über den Ausdruck „mit Gefühl spielen". Wenn ihm schon diese Benennung missfiel, so gefiel ihm die Art und Weise zu spielen, die dieser Benennung entsprach, noch weniger; das musikalische Gefühl, das in ihm lebte, wurde durch eine gewisse Schamhaftigkeit niedergehalten und aus Furcht vor der Empfindsamkeit konnte er ins entgegengesetzte Extrem verfallen. Wie dem auch sein möge, er spielte nicht wie ein „Komponist" (im Jahre 1862 war er ja auch noch in keiner Weise ein solcher), sondern vollständig wie ein „Pianist".

Tschaikowsky hegte zu allen Perioden seines Lebens eine starke Abneigung, die eigene Persönlichkeit öffentlich zur Schau zu stellen, sei es in der Rolle des Pianisten oder des Dirigenten; erst in seinen letzten Lebensjahren überwand er diese nachgerade krankhafte Scheu vor dem grösseren Publikum so weit, dass er zur persönlichen Leitung seiner Orchesterwerke überredet werden konnte. Wohl hatte er auch früher ab und zu den Versuch gewagt, ein Orchester zu dirigiren, die Aufregung, die ihn regelmässig dabei erfasste, war so gross, dass sie ihn fast unfähig machte, seine Aufgabe zu Ende zu führen. Tschaikowsky schildert sich selbst als Dirigenten mit überraschender Objektivität in seiner „Autobiographischen Beschreibung einer Reise ins Ausland"*) im Jahre 1888:

„Ermuthigt durch die warme Theilnahme meiner Freunde, die unschätzbaren Rathschläge und Winke Altanis (Kapellmeister der Moskauer Oper), gleicherweise durch das feste Vertrauen auf das Wohlwollen des Moskauer Publikums, welches meine ersten Schritte auf der kompositorischen Laufbahn gefördert hatte und mir seitdem seine warme Sympathie nie vorenthalten hatte, nahm ich am 19. (31.) Januar 1887 um 8 Uhr Abends den Kapellmeistersitz im Orchester des kaiserlichen grossen Theaters ein und leitete die erste Vorstellung meiner Oper „Tscherewitschki" glücklich bis ans Ende. Ich war damals fast 47 Jahre alt. In solchem Lebensalter verfügt ein richtiger, echter, geborener Kapellmeister ausser den Eigenschaften welche von dem Grade seiner natürlichen Begabung abhängig sind, noch über eine langjährige Routine; wenn man bedenkt, dass mir eine solche vollständig fehlte, kann man mein Debut ein ganz erfolgreiches nennen. Ich glaube noch immer, dass mir das eigentliche Talent zum Dirigiren abgeht, ich weiss, dass die moralischen und physischen Vorbedingungen, die aus dem Musiker im Allgemeinen den Kapellmeister im Besondern machen, in mir nicht vereinigt sind, aber dieser Versuch und alle folgenden bewiesen, dass ich die Aufführungen meiner Kompositionen mit mehr oder weniger Erfolg zu leiten vermag — nun war ich erst vollkommen glücklich.

Anderthalb Monate, nachdem die Erfahrung gelehrt hatte, dass ich ein Opernorchester genügend leiten könne, hatte ich die Probe auch auf dem Konzertpodium zu bestehen. Am 4. (16.) März 1887 fand in Petersburg im Adelssaale ein Konzert der Philharmonischen Gesellschaft statt, dessen Programm ausschliesslich aus meinen Werken zusammengesetzt war, deren Aufführung ich selbst leitete. Auch dieser Versuch war von Erfolg gekrönt. Zu meinem grössten Erstaunen hörte ich aus dem Munde von Leuten, deren Urtheil ich vollständig traue, so schmeichelhafte Aeusserungen über mein Dirigiren, dass mir das Herz freudig im Busen schlug und ich wohl oder übel das stolze Bewusstsein des Sieges über mich selbst empfinden musste, des Sieges über jene abscheuliche, grausame moralisch-qualvolle Krankheit, von der ich im Laufe meines Lebens so viel und so lange zu leiden hatte und die man Blödigkeit nennt. Ein sehr bekannter Musikkritiker, der in seinen Urtheilen über mich nie Maass hielt, derselbe, welcher dereinst mein Debut auf dem Gebiete der Komposition mit den Worten begrüsste: „Herr Tschaikowsky ist ganz unfähig, er hat keinen Funken von Talent" — dieser nämliche drohende, gereizte, aber nicht ganz unparteiische Richter des Feuilletons äusserte sich über mich, wiederum bis zur vollen Entstellung der Wahrheit übertreibend, dahin, dass ich ein vorzüglicher Dirigent sei. Und auch dieses Mal habe ich ihm nicht geglaubt, ebenso wenig, als ich einst dem Wahrspruch von meiner absoluten Talentlosigkeit Glauben geschenkt hatte."

Kehren wir nach dieser kurzen Abschweifung, die uns Tschaikowsky als Pianisten und Dirigenten zeigte, zur Betrachtung seiner Kompositionsthätigkeit zurück. Peter Iljitsch wurde im Beginn seiner Laufbahn nicht sonderlich durch Erfolge verwöhnt. Er liess sich in seinem Urtheile über die eigenen Schöpfungen leicht durch äussere Umstände beeinflussen, die laue Aufnahme eines Werkes von Seiten des Publikums-oder schroffe Kritik, die von kunstverständigen Freunden daran geübt wurde, vermochten ihm eine Schöpfung, an der er mit voller Hingabe gearbeitet hatte, zeitweilig völlig zu verleiden, ja ihn zu veranlassen eine Komposition zu vernichten — er hat mehr als eine im ersten Aufwallen des Unmuthes den Flammen übergeben. Alle die herben Enttäuschungen, die er erleben musste, waren aber nicht im Stande seine Energie dauernd zu beugen und den festen Glauben an seinen Beruf zur Komposition in ihm wankend zu machen. Im Jahre 1866 arbeitete Tschaikowsky emsig an der Vollendung seines ersten grösseren Werkes, der bereits erwähnten G-moll-Symphonie. Er

---

*) Im Verlage der Harmonie, Berlin, in deutscher Sprache erschienen.

reiste mit der fertigen Partitur nach Petersburg, um sie seinen früheren Lehrern Anton Rubinstein und Saremba vorzulegen. Dem ersten symphonischen Versuche des jungen Künstlers wurde eine sehr harte Verurtheilung durch A. Rubinstein zu theil, die stille Hoffnung Tschaikowskys, sein Werk in den Konzerten der Petersburger Musikgesellschaft aufgeführt zu sehen, blieb für das Erste unerfüllt, erst nachdem er mit schwerem Herzen einige durchgreifende, ihm innerlich unsympathische Abänderungen daran vorgenommen hatte, sagte ihm Rubinstein gleichsam als Entschädigung für die ausgestandenen Leiden die Aufnahme der beiden Mittelsätze in das Programm eines dieser Konzerte zu. Als der erste Aerger über die ihm widerfahrene Kränkung verwunden war, setzte Peter Iljitsch eifrig die bereits begonnene Arbeit an seiner ersten Oper „der Wojewode" fort.

Tschaikowsky schaffte mit Lust und Freude an der Oper, die ihn als eine ungewohnte schwierige Aufgabe, die das Zusammenraffen seiner ganzen Kraft forderte, besonders fesselte. Im Jahre 1867 erschien das erste gedruckte Werk Peter Iljitschs im Verlage von P. J. Jürgenson, dem Chef des bekannten grossen Moskauer Hauses. Jürgenson zählte bis zu den letzten Lebenstagen des Komponisten zu den treuesten Freunden desselben. Das Nikolai Rubinstein zugeeignete Erstlingswerk Tschaikowskys enthielt ein bereits in Petersburg komponirtes Impromptu und das Scherzo à la russe, welches als eine Umarbeitung eines ebenfalls aus früherer Zeit stammenden Satzes für Streichquartett bezeichnet wird. Die Sommermonate des Jahres 1867 verlebte Peter Iljitsch zum Theil in Hapsal in Esthland, dort schrieb er die kurz darauf als Op. 2 veröffentlichten drei Klavierstücke „Souvenir de Hapsal."

P. Jürgenson.

Im Herbst brachte der Künstler einen grossen Theil der Oper beendet mit nach Moskau, N. Rubinstein setzte im Dezember eine Orchesternummer daraus „Tanz der Mägde" auf das Programm. Auf das Zureden seiner Freunde hatte Tschaikowsky eingewilligt, das Werk selbst zu leiten. Dieser erste Versuch fiel unglücklich genug aus. Der über alle Maassen aufgeregte Komponist schien förmlich den Kopf verloren zu haben, er sah nichts von dem, was in seiner Partitur stand und gab fortwährend falsche Zeichen zum Einsetzen, die unfehlbar zum Umwerfen des Stückes geführt hätten, wenn sie von den routinirten Orchestermusikern befolgt worden wären. Erlebte Tschaikowsky so als Dirigent eine ihn tief beschämende Niederlage, so feierte er als Komponist an diesem denkwürdigen Abend desto grössere Triumphe. Das Stück gefiel so allgemein, dass es später wiederholt zur Aufführung gebracht wurde. Im März 1868 machte N. Rubinstein das Moskauer Publikum mit der G-moll-Symphonie des jungen Tondichters bekannt. Die glänzende Aufnahme des Stückes entschädigte Peter Iljitsch einigermassen für die missbilligende Kritik, die Anton Rubinstein seinem Werke hatte zutheil werden lassen.

Dem dramatischen Erstlingswerke Tschaikowskys, der Oper „der Wojewode", leuchtete kein so günstiger Stern. Am 30. Januar (11. Februar) 1869 fand die erste Aufführung des Werkes im grossen Theater in Moskau statt. Die russische Oper war zu jener Zeit ein Aschenbrödel, die Sympathien des Publikums wandten sich fast ausschliesslich ihrer glänzenden Schwester, der italienischen Oper zu. Eine Corona der auserlesensten Bühnengrössen nahm dort die Huldigungen der begeisterten Hörerschaft entgegen, während die vaterländische Schaubühne sich kümmerlich mit Darstellern niederen Ranges behelfen musste. Tschaikowsky hatte in seiner Unerfahrenheit nicht einmal die geeignetsten Persönlichkeiten zur Besetzung der Hauptrollen erwählt, auch die äussere Ausstattung des Werkes liess selbst die bescheidensten Wünsche unerfüllt. In seiner übertriebenen Duldsamkeit versäumte es der Komponist in den Proben, die ihm eine Höllenqual waren, wirksam für seine Schöpfung einzutreten, es erschien ihm schon wie eine Anmassung, dass er die Darsteller überhaupt mit seiner Musik belästigte. Es wurden ganze Nummern, die nicht gleich gelingen wollten, darunter die schönsten, erbarmungslos gestrichen, ohne dass der unglückliche Schöpfer des Werkes dagegen Einspruch erhoben hätte. Nicolai Rubinstein, der, in der Hoffnung, sich nützlich machen zu können, einigen Proben beigewohnt hatte, verliess, wie Kaschkin erzählt, das Theater in hellem Aerger über die übelangebrachte Langmuth des Komponisten. Tschaikowskys passive Haltung erklärt sich zum Theile aus dem Umstand, dass er während der Proben das Vorhandensein grosser Schwächen in seinem Werke lebhaft empfand und in einer Art von dumpfer Resignation seine Sache von vornherein verloren gab. Die Oper wurde bei ihrer ersten Aufführung ziemlich beifällig aufgenommen, dennoch fühlte Peter Iljitsch deutlich heraus, dass der Erfolg kein unmittelbarer und herzlicher war. Ein nicht unwesentlicher Theil der Schuld an dem geringen Erfolge muss auch dem Textbuche beigemessen werden, in welchem die schöne Dichtung Ostrowskys ihrer besten poetischen Reize beraubt erscheint. Der Unmuth Tschaikowskys über das Misslingen seines ersten dramatischen Versuches war so gross, dass er, nachdem einige Vorstellungen stattgefunden hatten, sich unter irgend einem Vorwande die Partitur seiner Oper ausbat und sie kurz entschlossen in das Feuer warf. Es sind nur einige Bruchstücke des Werkes erhalten, darunter das bereits erwähnte Orchesterstück „der Tanz der Mägde".

Tschaikowsky im Jahre 1864.

Im Februar 1869 fand die erste Aufführung einer neuen „Fatum" betitelten Orchesterphantasie Tschaikowskys in Moskau statt. Das Glück war dem Komponisten in diesem verhängnissvollen Jahre abhold, das Werk wurde kühl aufgenommen, bald verlor Peter Iljitsch selbst die Freude an seiner Komposition und verbrannte auch diese Partitur. Nach Tschaikowskys Tode ist das Werk nach den wieder aufgefundenen Orchesterstimmen rekonstruiert und veröffentlicht worden. Es zählt unter die schwächeren Schöpfungen des Meisters und ist nicht frei von einer ermüdenden Eintönigkeit. Den Sommer dieses an Missgeschick aller Art so reichen Jahres brachte Peter Iljitsch auf dem Lande zu.

In der ländlichen Zurückgezogenheit gelang ihm die Schöpfung eines seiner genialsten und eigenthümlichsten Werke, der Ouverture zu Romeo und Julia.

M. Balákireff, der ein paar Monate als Gast in Moskau geweilt hatte, gab dem Tondichter die ersten Anregungen zu dem Stücke. Auf Spaziergängen mit Tschaikowsky, der ein unermüdlicher Fussgänger und ein Freund weiter Ausflüge war, entwickelte Balákireff ihm den Plan einer musikalischen Einleitung zu

Grosses Theater in Moskau.

Shakespeares Trauerspiel mit einer solchen Lebendigkeit, dass Tschaikowsky sich für diese Idee begeisterte und sie bald darauf in überraschend gelungener Weise verwirklichte. Durch die Vermittlung Nicolai Rubinsteins, der das neue Werk seines Freundes ganz besonders hochschätzte, erschien die gedruckte Partitur alsbald bei Bote & Bock in Berlin.

Die bitteren Erfahrungen mit seinem ersten Bühnenwerke hielten Tschaikowsky nicht von weiteren Versuchen auf diesem Gebiete ab. Seine zweite Oper „Undine" hatte er im Jahre 1870 in aller Heimlichkeit so schnell fertiggestellt, dass die Existenz des Werkes kaum den nächsten Freunden Peter Iljitschs bekannt wurde. Er hatte seine Partitur bei dem kaiserlichen Theater in Petersburg eingereicht, da in Moskau keine Chancen für eine Aufführung des Werkes bestanden. Die Petersburger Direktion schlug die Annahme der Oper rundweg ab. Der tief verstimmte Komponist erbat sich nun seine Partitur zurück, erhielt aber den befremdlichen Bescheid, dass die Noten nicht aufzufinden seien. Trotz der Mahnungen seiner Freunde, die Sache doch nicht so ohne Weiteres auf sich beruhen zu lassen, verhielt sich Tschaikowsky völlig unthätig in dieser Angelegenheit. Wie er meinte, könnten dringende Vorstellungen von seiner Seite höchstens irgend einen armen Teufel um sein Amt bringen, indessen die Partitur nach wie vor verschollen bleiben würde. Einige Jahre später gelangte Peter Iljitsch unerwartet in den Besitz seines Notenmaterials, die Oper war ihm aber inzwischen so gleichgültig geworden, dass er aufs Neue zu seinem erprobten Mittel griff, sich der ungerathenen Kinder seiner Phantasie zu entledigen und das umfangreiche Werk den Flammen übergab. Einen Marsch aus dieser Oper finden wir im Andante marziale, dem zweiten Satze seiner C-moll-Symphonie (No. 2) wieder. Am Ende des Jahres 1870 sehen wir den Künstler bei der Arbeit an einer dritten Oper „der Oprítschnik". Tschaikowsky verwendete in dem neuen Werke einen Theil der Musik zu dem Wojewoden, soweit dieselbe noch in seiner Erinnerung haftete. Später erblickte er in der Adoptirung einer zu wesentlich andersgearteten Situationen ge-

schriebenen Musik für sein neues Werk einen schweren Fehler und plante deshalb eine durchgreifende Umarbeitung der Oper, welche sich bereits eine grosse
Popularität errungen hatte und noch heute auf dem Spielplan aller russischen
Bühnen zu finden ist. Er äusserte häufig, wie sehr ihm infolge dieser Erkenntniss das eigene Werk verleidet sei, noch kurz vor seinem plötzlichen Ende liess
er die Partitur aus der Bibliothek des kaiserlichen Theaters holen und bezeichnete
alle Stellen, die er abzuändern gedachte. Der Oprítschnik war im Jahre 1872
vollendet worden und harrte seiner ersten Aufführung. Tschaikowsky hatte
seine Partitur wiederum in Petersburg eingereicht und ersehnte mit schmerzlicher
Ungeduld die Entscheidung der Theaterkommission. Schon begann er zu
glauben, dass sein neues Werk das Schicksal der Undine treffen würde, als er
von den peinigenden Zweifeln durch die erfreuliche Nachricht befreit wurde
dass der Oprítschnik zur Aufführung angenommen sei. Im Frühjahr 1874 fand
die Première der Oper in Petersburg statt. Trotzdem der Oprítschnik einen un-
zweifelhaften, vollen Erfolg davontrug, wartete der durch die Aufregungen der
Proben und der ersten Aufführung sehr angegriffene Komponist keine weitere
Vorstellung ab, sondern begab sich in aller Eile nach Italien, um seine krankhaft erregten Nerven in veränderter Umgebung zur Ruhe kommen zu lassen.
Tschaikowsky hatte, seiner Neigung für die Orchesterkomposition folgend, sich
ursprünglich wenig mit dem Style der Kammermusik beschäftigt, der erste Versuch auf diesem Gebiete fällt in das Jahr 1871. Peter Iljitsch hatte den sehn-
lichen Wunsch, den Sommer im Auslande zu verleben, zur Ausführung dieses
Planes fehlten ihm jedoch die nöthigen Geldmittel. Es wurde ihm gerathen, ein
Konzert mit seinen Kompositionen zu veranstalten, um in den Besitz einen
kleinen Summe zu gelangen. Diese Absicht liess sich mit Erfolg nur dann
verwirklichen, wenn die Ausgaben auf das Aeusserste beschränkt wurden, es
konnte daher nicht an die Mitwirkung eines kostspieligen Orchesters gedacht
werden. Tschaikowsky musste sich auf eine Auswahl seiner kleineren Vokal-
und Instrumentalsoli beschränken. Da er fürchtete, dass ein derartig zusammen-
gesetztes Programm etwas eintönig wirken könne, entschloss er sich zur
Komposition eines Quartetts für Streichinstrumente. So entstand, halb unter
dem Drucke äusserer Umstände, eine seiner reizvollsten Schöpfungen, das
Streichquartett Op. 11 in D-dur. Dem allbekannten zweiten Satze dieses
Stückes, Andante cantabile in B-dur dient ein russisches Volksmotiv als erstes
Thema. Tschaikowsky lauschte diese Melodie einem Anstreicher ab, der auf
seinem Gerüste an einem benachbarten Hause schwebte und den Komponisten
an jedem Morgen in aller Frühe mit seinem Gesange weckte. Am 16. (28.) März
1871 fand das Konzert statt und brachte seinem Veranstalter einige hundert
Rubel ein. Bei der Ausführung des Quartetts sass F. Laub an der ersten
Violine, ausser ihm wirkten Gřimaly, Minkus und Fitzenhagen, der Nachfolger
Cossmanns, dabei mit. Eine herzliche Freude bereitete Tschaikowsky das Erscheinen des gerade in Moskau anwesenden Turgénjeff. Der Dichter hatte bereits
im Auslande seinen Landsmann Tschaikowsky als einen Musiker von Bedeutung rühmen hören und war sehr gespannt auf die Bekanntschaft mit den
Erzeugnissen seiner Phantasie. Turgénjeff fand lebhaftes Gefallen an der Musik
des russischen Meisters, das Interesse, welches Turgénjeff für Tschaikowsky an
den Tag gelegt hatte, trug nicht wenig dazu bei, das Ansehen und den Ruf
Peter Iljitschs zu erhöhen.

Allmählich hatte nicht nur die künstlerische Position Tschaikowskys beträcht-
lich an Bedeutung gewonnen, sondern auch seine materielle Lage hatte sich
wesentlich gebessert. Bei seinem Eintritt in das Lehrerkollegium war er gezwungen,
mit einem sehr unbedeutenden Gehalt vorlieb zu nehmen. Da er seine ganze freie Zeit
ausschliesslich der Arbeit an seinen Kompositionen widmete und es verschmähte,
sich durch Privatunterricht eine Nebeneinnahme zu sichern, hatte er oft mit
Noth und Entbehrungen zu kämpfen. In den siebziger Jahren hatten sich die
Einkünfte des Anfangs so ungenügend dotirten Konservatoriums so weit gehoben, dass auch die Bezüge Tschaikowskys erhöht werden konnten. Er erhielt
um diese Zeit ein Jahreshonorar von 2700 Rubeln und hatte dafür wöchentlich
27 Unterrichtsstunden an der Anstalt zu ertheilen. Peter Iljitsch war sehr an-
spruchslos in Beziehung auf kulinarische Genüsse. Als er eine eigene kleine
Wohnung inne hatte, genügten ihm lange Zeit hindurch die primitiven Koch-
künste seines Dieners, eines derben Bauernburschen, dessen Fertigkeiten auf
diesem Gebiete ihn eben zur Bereitung der nationalen Kohlsuppe und der Buch-
weizengrütze befähigten. Die Einförmigkeit dieser Speisekarte wurde Peter
Iljitsch allerdings nicht allzu fühlbar, da er als stets willkommener Gast häufig
an dem Tische seiner Freunde sass.

Der bedürfnisslose Künstler hätte bei seiner einfachen Lebensweise wohl
noch alljährlich eine kleine Summe zurücklegen können, er schätzte aber den Werth
des Geldes Zeit seines Lebens sehr gering und spendete in seiner grossen
Herzensgüte so freigebig seine Gaben, um fremdes Elend zu lindern, dass er sich
nicht selten selbst in Geldverlegenheiten befand. Ausser seinem Stundenhonorar
im Konservatorium bezog er gelegentlich Einnahmen, welche ihm seine Kompositionsthätigkeit einbrachte. Im Jahre 1872 erhielt er den Auftrag, eine grosse
Kantate für Soli, Chor und Orchester zu schreiben, welche bei der Eröffnungs-
feier der grossen polytechnischen Ausstellung in Moskau zur Aufführung gelangen sollte. Ueber den musikalischen Werth dieser Schöpfung lässt sich
nichts mittheilen, da die Partitur und die Orchesterstimmen des Werkes spurlos
verschwunden sind.

Im folgenden Jahre (1873) erhielt Peter Iljitsch
die Aufforderung, die Musik zu einer Ostrowskyschen
Dichtung Snegúrotschka (Schneewittchen) zu schreiben. In der Partitur des Werkes finden sich neun-
zehn, zum Theil breit ausgeführte Musikstücke
die Tschaikowsky in grosser Eile komponiren
musste. Er vollendete die umfangreiche Partitur
in der unglaublich kurzen Zeit von zwanzig Tagen.
Seiner sonstigen Gewohnheit, die Abende nicht zur
Arbeit zu benützen, musste er für dieses Mal untreu
werden, zumal er in seiner grossen Pflichttreue
selbst in dieser Bedrängniss die Stunden im
Konservatorium gewissenhaft ertheilte. Am 11.
(23.) Mai 1873 ging das Werk mit Erfolg in
Szene, der noch anhaltender gewesen wäre,

Tschaikowsky im Jahre 1874.

wenn sich nicht der Mangel einer stetig fort-
schreitenden Handlung allzu fühlbar gemacht hätte. Im Jahre 1874 schrieb
Tschaikowsky sein fünftes dramatisches Werk „Wakúla, der Schmied".

J. Polonsky hatte den Text dieser Oper nach Gógols bekannter Erzählung „die Nacht vor Weihnachten" für Sséroff bearbeitet, der auf Wunsch der Grossfürstin Helene Pawlowna die Komposition übernehmen sollte. Sséroff starb 1871, ehe er seinen Auftrag erfüllen konnte, im folgenden Jahre ereilte auch die Grossfürstin der Tod. Die Direktion der Petersburger Musikgesellschaft erliess, um das Andenken ihrer hohen Beschützerin zu ehren, ein Preisausschreiben für die beste Komposition des Textes.

Den Preisrichtern in Petersburg lagen sieben Werke zur Beurtheilung vor. Die Stimmen der Sachverständigen entschieden sich für die mit dem Sinnspruche: ars longa, vita brevis, versehene Partitur, bei der Eröffnung des begleitenden Kouverts las man den Namen Peter Tschaikowsky. Im Jahre 1876 gelangte Wakúla, der Schmied, auf der Bühne des Marientheaters in Petersburg in reicher Ausstattung und glänzender Besetzung zur erstmaligen Aufführung. Der Abend trug dem Komponisten eine Fülle äusserer Ehrungen ein, doch täuschte der ungemein feinfühlige Künstler sich nicht darüber, dass der gespendete Beifall kein einmüthiger und von Herzen kommender war. Das Publikum schien eine leichter wiegende, harmlosere Musik erwartet zu haben, als die ihm thatsächlich gebotene. Tschaikowsky fühlte sich durch diese Wahrnehmung nicht sonderlich bedrückt. So oft eines seiner Werke vor der eigenen strengen Kritik des Künstlers nicht bestand, sobald er selbst erhebliche Schwächen und missrathene Partien in seinen Schöpfungen entdeckte, erfüllte ihn der tiefste Missmuth. Wie wir schon mehrere Male sahen, war Peter Iljitsch, wenn solche Verstimmungen sich seiner bemächtigten, im Stande, umfangreiche Partituren ohne Gnade der Vernichtung preiszugeben. Sein jüngstes Werk blieb ihm lieb und werth, trotzdem die Menge sich nicht fähig zeigte, die mannigfachen Schönheiten desselben alsogleich vollkommen zu würdigen.

Noch inmitten der Arbeit an den letzten Bühnenwerken hatte Tschaikowsky einige grössere Schöpfungen auf anderen musikalischen Gebieten vollendet. Dem von Jürgenson herausgegebenen thematischen Kataloge der Werke Tschaikowskys zufolge wurden in den Jahren 1873 und 1874 ausser Liedern und Klavierstücken noch die folgenden Kompositionen veröffentlicht: die zweite Symphonie (C-moll), die Orchesterphantasie „der Sturm", das zweite Streichquartett (F-dur) und das B-moll-Konzert für Klavier und Orchester.

Das Streichquartett in F-dur wurde kurz nach seiner Vollendung bei Nicolai Rubinstein in Gegenwart Anton Rubinsteins zum ersten Male probirt. Peter Iljitsch hing mit glühender Verehrung an seinem einstigen Lehrer, der geniale Meister des Klaviers erwiderte die Zuneigung des jungen Künstlers wohl herzlich, verhielt sich jedoch kühl und ablehnend seinen Schöpfungen gegenüber. Wie manches schroffe, ja ungerechte Urtheil musste Tschaikowsky gerade von dem Manne entgegennehmen, dessen Lob ihn aufs Höchste beglückt hätte! Wir wissen bereits, wie wenig anerkennend sich Rubinstein einst über den ersten symphonischen Versuch Peter Iljitschs ausgesprochen hatte, erwartete Tschaikowsky dieses Mal eine freudigere Zustimmung des Meisters, so sollte er sich noch herber enttäuscht sehen. Rubinsteins Miene verfinsterte sich während des Vortrags des Stückes immer mehr, nach dem letzten Akkorde fuhr er heftig auf und erklärte, das Gehörte sei keine Kammermusik, sondern ein ihm gänzlich unverständliches chaotisches Stimmengewirr. Es ist nicht schwer, sich die Beklemmung vorzustellen, die sich des jungen Tondichters bemächtigte, was wollte es besagen, dass die übrigen Zuhörer versicherten, sein Werk habe sie in hohem Maasse befriedigt und gefesselt! Rubinstein mochte in der Folge empfinden, dass er seinen ihm so herzlich ergebenen Schüler zu hart angelassen habe, er versetzte Tschaikowsky bald darnach durch die Widmung einiger Klavierstücke in einen wahren Glückstaumel. In seinen Erinnerungen (1839—89) erwähnt Rubinstein in der Reihe von ausserordentlichen Talenten, die aus dem Petersburger Konservatorium hervorgegangen seien, den „ehemaligen Rechtsschüler Tschaikowsky, einen genialen Komponisten, der, erst 50 Jahre alt schon den Höhepunkt seines Ruhmes erreicht hat und in ganz Europa bekannt st". Es scheint demnach, als habe Rubinstein später seine Meinung über den Werth der Kompositionen „des ehemaligen Rechtsschülers" geändert, indessen bleibt die Thatsache bestehen, dass Rubinstein sehr selten ein Stück von Tschaikowsky öffentlich spielte, ganz im Gegensatze zu seinem Bruder Nicolai, der eifrige Propaganda für die Schöpfungen des jungen Meisters machte. Obschon Nicolai Rubinstein das Talent Tschaikowskys ungemein hoch stellte, war auch er nicht immer befähigt, jedem neuen Werke seines Freundes die volle Gerechtigkeit widerfahren zu lassen. Auf den Wunsch Nicolais schrieb Tschaikowsky sein erstes Klavierkonzert in B-moll, welches heutigen Tages in dem Repertoire der meisten Pianisten zu finden ist. Nicolai Rubinstein, der eine ganz erstaunliche Fertigkeit im Vomblattlesen besass, empfing die Partitur, deren Titelblatt bereits eine Dedikation an den Meister schmückte, aus den Händen Peter Iljitschs und setzte sich sofort damit an das Klavier. Sonderbarer Weise stiess sich Rubinstein, der später ein so unvergleichlicher Interpret des Werkes wurde, an allerhand Aeusserlichkeiten. Er fand das Stück undankbar und wenig praktisch für den Spieler, zweifelte an der Möglichkeit, dasselbe mit Erfolg vorzutragen und verlangte von Tschaikowsky eine Umarbeitung des Stückes in seinem Sinne. Der sonst so nachgiebige Komponist blieb dieses Mal standhaft und übergab das Werk in seiner ursprünglichen Fassung dem Drucke, nur das Titelblatt zeigte eine Abweichung von der ersten Lesart und trug die Widmung an Hans von Bülow an seiner Spitze. Wie bekannt, bürgerte der deutsche Klaviermeister das Werk in den Konzertsälen ein, die erste öffentliche Vorführung fand gelegentlich der amerikanischen Tournée des Künstlers in Boston statt, von wo aus Bülow dem Komponisten durch ein Kabeltelegramm den ausserordentlichen Erfolg seiner Schöpfung meldete. Nicolai Rubinstein gestand bald freimüthig ein, dass seine Meinung über das Stück eine irrthümliche gewesen sei. Im Jahre 1878 riss er die Pariser mit dem vollendeten Vortrage des Konzertes zu enthusiastischen Beifallskundgebungen hin.

Im Jahre 1875 schrieb Tschaikowsky ausser einer Reihe von kleinen Werken seine dritte Symphonie in D-dur. Leider liess der Gesundheitszustand des Künstlers in diesem Jahre viel zu wünschen übrig. Tschaikowsky sah sich genöthigt, einen kurzen Urlaub zu nehmen, den er auf Anrathen der Aerzte zu einer Reise in das Ausland benutzte. Seine medizinischen Berather hatten ihm die strengste Enthaltsamkeit von jeglicher Beschäftigung mit seiner Kunst während seiner Reise zur Pflicht gemacht, er hatte sich auch äusserlich ihren Vorschriften gefügt und sein Versprechen, kein Notenpapier zu berühren, getreulich gehalten, er konnte aber der unausgesetzt in ihm fortarbeitenden musikalischen Gestaltungskraft keinen Stillstand gebieten und brachte als Frucht seiner Reise das dritte Streichquartett in Es-moll heim, das er im Geiste fast vollendet hatte, ohne eine Note davon niederzuschreiben. Das Hinscheiden des Geigers F. Laub bot die erste Veranlassung zur Entstehung dieser Komposition. Peter Iljitsch war von dem Verluste, den die Kunstwelt durch den Tod dieses Künstlers erlitt, schwer betroffen und fühlte sich gedrängt, dem Dahingeschiedenen einen Nachruf in Tönen zu widmen. Er wählte das Streichquartett zum Dolmetsch seiner schmerzlichen Stimmung, da er in Laub vor Allem den unvergleichlichen Quartettspieler verehrte. Im Jahre 1876 kam Tschaikowsky von der Direktion des „Grossen Theaters" in Moskau der Antrag, die Musik zu dem Ballet „Der Schwanensee" zu schreeben. Der märchenhafte, phantastische Stoff regte seine Einbildungskraft lebhaft an und da ihm für seine Komposition zugleich ein ausreichendes Honorar versprochen wurde, ging er mit Freuden auf das Anerbieten ein. Tschaikowsky war ein grosser Freund dieser Kunstgattung und hegte warme Bewunderung für die Schöpfungen Bizets auf diesem Gebiete. In kurzer Zeit hatte er die umfangreiche Partitur vollendet und bald darauf konnte sich das neue Werk dem Moskauer Publikum präsentiren. Der Erfolg war ein nachhaltiger, auch in Petersburg fand das Werk die günstigste Aufnahme. Ausser der grossen Phantasie „Francesca da Rimini" nennt der Jürgensonsche Katalog unter den im Jahre 1876 veröffentlichten Werken für Orchester noch den „Slavischen Marsch", zu dessen Komposition die kriegerischen Ereignisse auf der Balkanhalbinsel, die damals die ganze russische Welt in athemloser Spannung erhielten, die Anregung gaben.

Die im nämlichen Jahre geschriebenen allbekannten Klavierstücke „Die Jahreszeiten" sind dem Berichte Kaschkins zufolge unter sehr eigenthümlichen Umständen entstanden. Der Petersburger Verleger Bernard gab unter dem Titel „Nouvelliste" allmonatlich ein Heft Klavierkompositionen heraus, zu denen auch Adolf Henselt gewöhnlich eine Bearbeitung oder eine Originalkomposition beisteuerte. Bernard hatte Tschaikowsky um einen Beitrag ersucht und ihm vorgeschlagen, zwölf auf die verschiedenen Monate bezügliche Stücke für das Unternehmen zu liefern. Tschaikowsky sagte zu, hatte aber keine rechte Lust, die Arbeit auf einmal zu vollenden. Er wies seinen Diener an, ihn an einem bestimmten Tage eines jeden Monats an die übernommene Verpflichtung zu erinnern. Zur festgesetzten Frist erschien denn auch jedes Mal pünktlich am frühen Morgen der getreue Knecht vor dem Bette seines Herrn mit den Worten: Peter Iljitsch, es ist Zeit für Petersburg! Tschaikowsky schrieb dann immer in einem Zuge ein Stück der Sammlung und sandte es an Bernard. Man merkt es den reizenden, überall gern gespielten kleinen Kompositonen in keiner Weise an, dass sie der Künstler sozusagen „der Noth gehorchend, nicht dem eigenen Triebe" geschaffen habe.

Wie wir sahen, drängte eine unwiderstehliche Neigung Tschaikowsky schon seit dem Beginn seiner schöpferischen Laufbahn immer wieder aufs Neue zur dramatischen Komposition. Er war fast beständig auf der Suche nach geeigneten Opernstoffen und griff im heissen, ungestillten Schaffensdrang oft voreilig und am unrechten Orte zu. Einige seiner Misserfolge sind nicht zum kleinsten Theile durch die Wahl dramatisch unzulänglicher Textbücher verschuldet.

Auch im Jahre 1876 trug sich der Künstler wiederum mit Opernplänen. Ein fanatischer Parteigänger Richard Wagners, Swanzeff, bot Tschaikowsky ein Libretto an, dem die Liebes- und Leidensgeschichte der Francesca da Rimini zu Grunde lag. Peter Iljitsch ging freudig darauf ein, diesen Stoff musikalisch zu bearbeiten, die Sache scheiterte aber an verschiedenen, zum Theile sehr wunderlichen Bedingungen, die der Textdichter dem Künstler stellte, die Dichtung hatte indessen befruchtend auf die Phantasie Tschaikowskys gewirkt, der nun in einem grossen Orchesterwerke seine Eindrücke musikalisch wiedergab.

Puschkin.

Kurz darauf regte die bekannte Sängerin Lawrówskaja Tschaikowsky an, Puschkins Meisterwerk „Jewgéni (Eugen) Onégin" in eine Oper umzuwandeln. Der Schauspieler Schilowsky entwarf im Verein mit dem Tondichter ein Szenarium und verfasste die Verse des Textbuches, bald darnach hatte Tschaikowsky einen grossen Theil der Oper skizzirt und gleichzeitig seine vierte Symphonie im Entwurfe beendet. Im Sommer des Jahres 1877 verheirathete sich Peter Iljitsch. Nicht einmal die nächsten Freunde des Künstlers hatten vorher sichere Kunde von dem bevorstehenden Ereignisse. Dass das Verhältniss der Ehgatten kein glückliches sein mochte wurde Allen, die Peter Iljitsch nahe standen, bald bemerklich. Sein Wesen hatte etwas Verstörtes, Unstetes, er schien von einer hochgradigen nervösen Erregung befallen zu sein. Es ist nicht die Aufgabe dieser Blätter, den Schleier zu lüften, welcher die Geschichte dieser Ehe verhüllt, es sei nur gesagt, dass der Seelenzustand des Künstlers zu den schlimmsten Befürchtungen Anlass gab. In Begleitung eines seiner Brüder reiste Peter Iljitsch im Oktober nach Clarens am Genfer See. Bald lauteten die Nachrichten von dem Befinden des kranken Tondichters günstiger, er ging von der Schweiz nach Italien und war schon im Stande, seinen Freunden persönlich Kunde von sich zu geben. Er fühlte sich körperlich wohler, vermochte aber nur ganz allmählich sein seelisches Gleichgewicht wiederzufinden.

Aus Wien, wohin er sich von Italien begeben hatte, schrieb er seinem Freunde Albrecht noch in sehr gedrückter Stimmung.

„Was die Seele anbelangt, so hat sie eine Wunde empfangen, von der ich mich wohl niemals wieder erholen werde. In Wirklichkeit, scheint mir, bin ich un homme fini!

Ich werde natürlich am 1. September 1878 wieder im Konservatorium sein, wie zuvor werde ich in der Harmonielehre Unterricht ertheilen und die Nähe meiner alten Freunde wird mir wohlthuend sein — aber das Vergangene kehrt nie wieder, niemals! Es ist etwas in mir gebrochen, die Flügel sind mir gestutzt, zu hohem Fluge tauge ich nimmermehr! — —

Ich arbeite jetzt emsig an der Oper und der Symphonie. Ich instrumentire sie, als ob sie ein Anderer geschrieben hätte. Ich will Dir ein bedeutungsvolles Faktum mittheilen; in Neapel sollte bei Gelegenheit der Enthüllung des Bellinidenkmals irgend ein Album herausgegeben werden, ausser einer Unmenge anderer Komponisten wurde auch ich zur Theilnahme daran eingeladen. Ich antwortete, dass ich zur bestimmten Frist mein Stück einsenden würde. Zwei Monate lang versuchte ich wohl alle Tage dieses Stück zu schreiben, die Frist verstrich und ich hatte den Herausgeber des Albums angeführt! Es war mir rein unmöglich, eine vernünftige Idee aus mir herauszupressen — ein interessantes Faktum!

Ich will Dir nicht erzählen, was mit mir vorgegangen ist, seitdem wir einander nicht mehr sahen, das würde zu weit führen! Am wohlsten war mir in Clarens in der Schweiz, wo ich mit meinem Bruder 3 Wochen sehr still und ruhig inmitten der majestätischen Natur in absoluter Einsamkeit verlebte. Die Reise nach Italien war die reinste Unvernunft, Italiens Schönheit und blendender Glanz reizte und erregte mich nur!"

Die letzten Besorgnisse der Freunde wichen dem Gefühle der Beruhigung, als die Partitur des „Onégin" in Moskau eintraf. Das Werk lieferte den Beweis der noch völlig ungebrochenen Schaffenskraft des Künstlers, dem die Hingabe an seine Kunst sich dieses Mal als das beste Heilmittel erwiesen hatte. Tschaikowsky war bei der Komposition des Textes einem wahren Herzensbedürfnisse gefolgt und hielt dieses Werk für eine seiner gelungensten Schöpfungen dessen ungeachtet hegte er kaum den ernstlichen Wunsch, es auf einem grösseren Theater aufgeführt zu sehen. Sein sehnlichstes Verlangen war eine Darstellung des „Onégin" auf einer kleineren Schaubühne durch die Zöglinge des Moskauer Konservatoriums. Nicolai Rubinstein, der von der neuesten Komposition seines Freundes tief ergriffen war und in derselben den Gipfelpunkt des bisherigen Schaffens Tschaikowskys erblickte, erklärte sich mit Freuden bereit, diesen Gedanken zu verwirklichen, obgleich er sich nicht verhehlte, dass die Aufgabe fast die Kräfte der Ausübenden übersteige. Die Mitwirkenden studierten in heller Begeisterung ihre Partien, das Orchester probirte unter der feurigen Leitung Rubinsteins mit wahrem Enthusiasmus — Dank der einmüthigen hingebungsvollen Bemühungen aller Betheiligten konnte endlich eine glänzende Aufführung der Oper erwartet werden. Tschaikowsky gehörte um die erwähnte Zeit dem Lehrerkollegium der Anstalt nicht mehr an. Er war im Frühjahre 1878 nach Russland zurückgekehrt und nach mehrmonatlichem Aufenthalt auf dem Lande am 1. September pünktlich in Moskau eingetroffen, um seine Lehrthätigkeit wieder aufzunehmen. Er fühlte jedoch bald, dass er nicht mehr im Stande sei, sich dauernd seinen Verpflichtungen zu widmen, ausserdem gestattete ein unerwarteter Umschwung seiner pekuniären Verhältnisse es ihm, nunmehr ohne feste Anstellung zu leben.

Eine ältere, sehr begüterte Moskauer Kunstfreundin, Frau von M., fasste im Herbst des Jahres 1877 den hochherzigen Entschluss, Peter Iljitsch durch Gewährung des bedeutenden Jahresgehaltes von 6000 Rubeln aller Sorgen um das tägliche Brod zu entheben, damit er einzig der Komposition leben könnte. Diese seltene Frau war die bejahrte Mutter von 11 Kindern, die zum Theil in Tschaikowskys Alter standen, dennoch befürchtete sie, dass böse Zungen Anlass nehmen könnten, die Motive ihrer völlig uneigennützigen, edelmüthigen Handlungsweise zu verdächtigen. Sie stellte daher die Bedingung, dass ihr grossherziges Opfer Niemand zu Ohren kommen dürfe und verzichtete darauf, jemals die persönliche Bekanntschaft des Komponisten zu machen, mit dem sie noch nie ein Wort gewechselt hatte. Thatsächlich hat Peter Iljitsch dieser Gönnerin während seines ganzen Lebens niemals mündlich danken, noch die Hand drücken dürfen, die ihm so viel Gutes erwies. Der Verkehr zwischen dem Künstler und der merkwürdigen Frau beschränkte sich auf einen regen Briefwechsel. Der Künstler vertraute ihr zuerst die Pläne an, die seine Phantasie erfüllten, er fand bei ihr ein tiefes Verständniss für Alles, was seine Seele bewegte und liess sich

Peter Tschaikowsky.
Porträt aus dem im gleichen Verlage erschienenen illustrierten Werke: Opern-Abende, Beiträge zur Geschichte und Kritik der Oper von Max Kalbeck.

gegen Niemand anderes so eingehend und ausführlich über seine Kunstanschauungen aus. Die geheimnissvolle Widmung auf dem Titelblatte der vierten Symphonie „Meinem besten Freunde“, gilt der Unbekannten. Einige Monate nach dem plötzlichen Tode des Komponisten schied auch seine Beschützerin aus dem Leben.

Moskau.

DIE LETZTEN LEBENSJAHRE (1878—93).

Im Jahre 1879 fand auf der Bühne des „Kleinen Theaters" die lang vorbereitete Aufführung des „Eugen Onégin" statt. Zur letzten Probe drängten sich die Moskauer Kunstfreunde in Schaaren, da die Kunde von den grossen Schönheiten des Werkes sich wie ein Lauffeuer in allen musikalischen Kreisen verbreitet hatte. Der Komponist, der nicht mehr in Moskau wohnte und nichts von sich hatte hören lassen, wurde von seinen Verehrern schmerzlich vermisst, man entdeckte ihn endlich im Parket des Theaters, woselbst er im Schutze des herrschenden Halbdunkels unbemerkt eingetreten war und mit tiefer Ergriffenheit den Vorgängen auf der Bühne folgte. Bei der ersten Vorstellung, zu der auch Anton Rubinstein aus Petersburg herbeigeeilt war, war das Haus vollständig überfüllt. Das Werk erregte zwar nicht in so hohem Maasse Sensation, als die Freunde des Komponisten erwartet hatten, die Begeisterung für dasselbe steigerte sich aber mit jeder Vorstellung und bekundete sich am deutlichsten in dem reissenden Absatz, den der Klavierauszug der Oper fand. Anton Rubinstein zeigte sich nicht recht befriedigt von der neuen Schöpfung seines ehemaligen Schülers und sprach sich mit der ihm eigenen Offenheit bei dem Souper, das der Aufführung folgte, darüber aus. „Eugen Onégin" ging im folgenden Jahre auf der Bühne des „Grossen Theaters" in Szene und wurde alsdann auch in Petersburg angenommen. Dieses Werk trug den Namen Tschaikowskys in die weitesten Kreise und errang sich eine Volksthümlichkeit, die sein Schöpfer in keiner Weise vorausgesehen hatte.

Peter Iljitsch war während der nächsten Jahre nur vorübergehend als Gast in Moskau anwesend, er brachte gewöhnlich einige Monate hintereinander im Auslande zu, bis ihn das Heimweh wieder nach Russland trieb. In Clarens am Genfer See, einem Orte, der ihm durch den Aufenthalt in der schweren Zeit des Jahres 1877 lieb geworden war, schrieb er den grössten Theil einer neuen Oper, der Jungfrau von Orléans. Diesem Werke war kein besonderer Erfolg beschieden. Inmitten des Schaffenseifers hatte Tschaikowsky seine jüngste Schöpfung an innerem Werth dem Onégin gleichgestellt, später legte er selbst dieser Oper nur geringere Bedeutung bei.

In den Jahren 1878—80 entstand ausser der Oper eine überraschend grosse Zahl theils kleinerer, theils sehr umfangreicher Werke. Der Katalog führt unter den im Jahre 1878 veröffentlichen Kompositionen an: „Variations sur un thème rococo" für Violoncell und Orchester, Valse-Scherzo und Konzert für Violine und Orchester. Das nächste Jahr bringt unter Anderem die erste Orchestersuite in D-moll und die grosse Sonate für Klavier in G-dur, die Hauptwerke des Jahres 1880 sind ein Klavierkonzert (No. 2 Nicol. Rubinstein gewidmet), das italienische Capriccio für Orchester, die Serenade für Streichinstrumente und die grosse Ouverture „1812." Im Sommer des Jahres 1881 stand die feierliche Einweihung der neuerbauten „Erlöserkirche" in Moskau bevor. Nicolai Rubinstein verfolgte das Wachsthum des prächtigen Gotteshauses mit grossem Interesse und fasste den Plan die feierliche Eröffnung der Kirche durch die Mitwirkung der Tonkunst zu verherrlichen. Der neue Gottestempel war dem Andenken der grossen Zeit geweiht, da die Macht des korsischen Imperators in dem Flammenmeere der brennenden Zarenstadt unterging. Ein riesenhaftes Orchester auf dem freien Platze vor dem Dome sollte ein machtvolles Tonstück ausführen, das in glühenden Farben die Noth des Vaterlandes, die Gebete der Gläubigen um Errettung von dem Feinde, die Schrecken des Kampfes und den endlichen

Erlöserkirche in Moskau.

Triumph malen sollte. So entstand die unter dem Namen Ouvertüre „1812" bekannte gewaltige Schöpfung des Meisters, der bei der Vorführung im Konzertsaale allerdings die Voraussetzungen fehlen, von welchen die beabsichtigte Wirkung abhängig ist.

Obgleich N. Rubinstein schon im Beginn des Jahres 1881 schwer leidend war, ahnte er nicht, dass der Tod seiner unermüdlichen Thätigkeit sobald ein Ziel setzen würde. Am 1. (13.) März 1881 starb er fern von der Heimath in Paris. Tschaikowsky, der um die gleiche Zeit im Auslande weilte, kam auf die erste Kunde von der gefährlichen Erkrankung des Freundes herbeigeeilt, fand ihn zu seinem Schmerze aber nicht mehr unter den Lebenden. Das unerwartete

Hinscheiden des Mannes, der ihm so nahe gestanden hatte, dessen thatkräftigem Eintreten für seine Werke er den grössten Theil seines Künstlerruhmes dankte, erschütterte ihn tief. Wie einst dem Geiger Laub, errichtete er auch diesem treuesten seiner Freunde ein Denkmal in Tönen, das „dem Andenken eines grossen Künstlers" geweihte Trio in A-moll. In den Jahren 1882—1883 nahm eine grosse dramatische Schöpfung, die Oper Maseppa, wiederum die ganze Kraft des Tondichters in Anspruch. Nach dem geringen Erfolge der „Jungfrau von Orléans" wurde Tschaikowsky aufs Neue von der peinigenden Angst befallen, die ihm jedesmal die erste Aufführung einer neuen Oper zu einer qualvollen Marter werden liess. Kaschkin sagt in seinen Erinnerungen":

„In der Hauptprobe des „Maseppa" sass ich in einer Loge des ersten Rangs, in der benachbarten Loge hielt sich der Komponist hinter einem Vorhange verborgen. Die Probe verlief vollkommen glatt, Alle waren zufrieden, nur der Komponist hatte das Aussehen eines zum Tode Verurtheilten. Am Schlusse der Probe wollte ich ihm ein paar Worte sagen, aber bei dem Anblick seines Gesichtes hielt ich ein; augenscheinlich machte er die grössten Anstrengungen, einen nervösen Anfall zu unterdrücken, hätte ich ihm jetzt auch nur ein Wort gesagt, so würde wahrscheinlich ein hysterischer Krampf die Folge gewesen sein."

Trotz der glänzend verlaufenen ersten Darstellung des Werkes konnte es Tschaikowsky nicht über sich gewinnen, länger in Moskau zu verweilen, er reiste Hals über Kopf in das Ausland und liess die Aufführung seiner zweiten Suite unter Erdmannsdörfer, die am Tage nach der ersten Vorstellung des Maseppa stattfand, im Stiche. Die letzten Jahrzehnte seines Lebens brachte Peter Iljitsch abwechselnd in den Dörfern Maidánowo und Frolówskoje in der Nähe des 90 Kilometer von Moskau entfernten Städtchens Klin zu. Den Dorfkindern wurde seine grosse Gutherzigkeit bald offenbar, bei seinen Ausgängen pflegten

sie sich in Schaaren an ihn zu drängen, um sich mit kleinen Silbermünzen, die er immer für sie bereit hielt, beschenken zu lassen. In seinen letzten Lebensjahren bewohnte Tschaikowsky ein stattliches Haus in Klin selbst vor den Thoren der Stadt. Modest Tschaikowsky kaufte das Haus nach dem Tode des Bruders und beliess, pietätvoll das Andenken des Verstorbenen ehrend, Alles darin in der bisherigen Ordnung. In der Regel entführten weite Kunstreisen den Künstler alljährlich auf längere Zeit den stillen Asylen, in denen er zurück-

Tschaikowskys Wohnhaus in Klin.

gezogen seiner Muse lebte. Wie wir bereits aus den eigenen Worten Tschaikowsky's ersahen, hatte er seine grosse Scheu vor der Oeffentlichkeit endlich so weit überwunden, dass er die eigenen Werke selbst zu dirigiren unternahm.

Da der Versuch, seine Oper „Tscherewitschki"*) zu leiten, im Januar des Jahres 1887 erfolgreich ausgefallen war, liess er sich überreden, auf einer grösseren Konzertreise dem Publikum des Auslandes die Bekanntschaft mit seinen Kompositionen persönlich zu vermitteln. Nachdem er im November 1887 eine neue

---

*) Die Oper „Tscherewitschki" ist kein selbständiges Werk, sondern eine Umarbeitung des „Wakúla, der Schmied".

Oper „Tscharodéika" (die Zauberin) mit nur geringem Erfolge zur Aufführung gebracht hatte, reiste er in den letzten Dezembertagen in das Ausland und dirigirte im Laufe des Winters 1888 eigene Werke in Leipzig, Hamburg, Berlin, Prag, Paris und London. Nach dieser sehr ehrenvoll verlaufenen Kampagne kehrte er in sein stilles russisches Dörfchen zurück und schrieb daselbst die fünfte Symphonie. Im folgenden Jahre führte er wiederum in einer Reihe grösserer Städte seine neuesten Kompositionen auf. In demselben Jahre erschien ein neues sehr ausgedehntes Werk im Drucke, das Ballet „Dornröschen". Bald drängte es den rastlos thätigen Künstler, die letzte Scharte auszuwetzen und sich aufs Neue auf dem Gebiete der Oper zu versuchen. Er war inzwischen zum Direktionsmitglied der Moskauer Abtheilung der russischen Musikgesellschaft ernannt worden und hatte es für seine Pflicht gehalten diesem neuen Amte zu

Tschaikowskys Wohnhaus in Klin.

Liebe den Winter in Moskau zuzubringen, sollte aber diesen Entschluss bald bereuen. Seine grossen Erfolge im Auslande hatten auch denjenigen seiner Landsleute, welche seine Begabung nicht besonders hoch angeschlagen hatten, ungewöhnlich imponirt. So kam es denn, dass sich der Künstler vor den Interviewern und Besuchern, die ihn zu jeder Tageszeit aufsuchten und störten, bald nicht mehr zu schützen wusste. Ein Thürschild mit der Aufschrift: Nicht zu Hause, man bittet nicht zu schellen! half leider auch nichts und regte die muthwillige Strassenjugend nur unnöthiger Weise zu recht häufigem Missbrauche des Klingelzuges an. Tschaikowsky, der einsah, dass Berühmtsein unter Umständen eine gar schwere Last werden kann, kehrte Moskau den Rücken und reiste nach Florenz. Der Künstler arbeitete hier so angestrengt, dass nur selten Kunde von ihm an die Freunde in der Heimath gelangte, denen er sonst trotz weitausgedehnter geschäftlicher Korrespondenz gern und pünktlich ein Lebenszeichen zu geben pflegte.

Tschaikowsky stand in stetem brieflichen Verkehr mit dem Grossfürsten Konstantin Konstantinowitsch (geb. am 10./22. Aug. 1858) einem sehr fertigen Klavierspieler und begabten Dichter, der als Präsident der Akademie der Wissenschaften viel zur Hebung des geistigen Lebens in Russland beigetragen hat und das künstlerische Schaffen seines genialen Landsmannes mit warmer Theilnahme verfolgte. In einem am 19. April 1890 aus Rom datirten Briefe an den Grossfürsten spricht sich der Künstler eingehend über die Arbeit an seiner neuen Oper „Pique-Dame" aus.

„Bald nach meinem letzten Beisammensein mit Ihnen reiste ich ins Ausland mit der speziellen Absicht, mich irgendwo in Zurückgezogenheit an die Arbeit zu setzen und in möglichst kurzer Zeit eine Oper zu dem Sujet der Pique-Dame zu schreiben. Diese Abgeschiedenheit fand ich in Florenz, woselbst ich ohne zu säumen mit der Komposition begann. Die Arbeit ging sogleich gut von Statten, aber in meinen Mussestunden litt ich so sehr unter dem Heimweh, dass ich weinte wie ein Kind und oft Alles im Stiche lassen und nach Hause reisen wollte. — In früheren Jahren lebte ich bisweilen geraume Zeit in Italien und empfand eine länger andauernde Trennung von Russland sogar angenehm. Ich hatte einstmals sogar vor, die Wintermonate regelmässig in Rom zuzubringen. In den letzten Jahren hänge ich aber, ich weiss nicht warum, fast krankhaft an der Heimath und kann thatsächlich ausserhalb Russlands nur im Zwange ganz aussergewöhnlicher Umstände leben. Im gegenwärtigen Falle bestanden die aussergewöhnlichen Umstände darin, dass ich es auf mich genommen hatte, für die nächste Saison eine grosse Oper zu schreiben und die für diese Arbeit nothwendige Einsamkeit nur im Auslande finden konnte. Ich schrieb die Oper mit besonderer Schnelligkeit, in weniger denn sechs Wochen, sodann machte ich den Klavierauszug (da er zur Vertheilung der Partien an die Mitwirkenden vor Allem nothwendig war) und nun habe ich fast die Hälfte der Oper instrumentirt. Eine solche Anspannung aller meiner schöpferischen Kräfte war natürlich mit einer zunehmenden Zerrüttung der Nerven verbunden, welche schliesslich in eine wirkliche Krankheit überging, in Folge deren ich jetzt einen ganz unwahrscheinlichen, gänzlich unerklärlichen und nicht zu beschreibenden Widerwillen gegen Florenz empfinde!

Arrigo Boito.

Aus der im gleichen Verlage erschienenen illustrirten Verdi-Biographie von Dr. Carlo Perinello. („Berühmte Musiker" Bd. IX.)

In der Aussicht auf meine bald bevorstehende Heimkehr nach einer freiwilligen dreimonatlichen Trennung von Russland bin ich in ausgezeichneter Stimmung, die durch das Bewusstsein der vollbrachten Leistung noch gehoben wird. Es ist sehr möglich, dass die Oper „Pique-Dame" eine herzlich schlechte Oper ist, es ist sehr wahrscheinlich, dass ich sie nach einem Jahre hassen werde, wie ich viele meiner Werke hasse, aber für jetzt scheint mir, dass dies mein bestes Werk ist und dass ich doch etwas in der Art einer That vollbracht habe. Wenn es Ihnen nicht uninteressant ist zu erfahren, wer das Libretto geschrieben hat, so nenne ich Ihnen als den Autor desselben meinen Bruder Modest. Er hat auch das Scenarium entworfen, jedoch unter Beihilfe von J. A. Wsewoloschskiy und mir, einige kürzere Abschnitte habe ich selbst in Verse gebracht.

Die Hoffnungen, die Tschaikowsky auf diese Oper setzte, erfüllten sich nur zum kleinsten Theile. Wohl hatte das neue Werk einen enormen äusseren Erfolg als es zum ersten Male in Moskau über die Bretter ging, doch galten die begeisterten Huldigungen, die man dem Komponisten an diesem Abende darbrachte, im Grunde weit weniger der neuen Schöpfung, als der Persönlichkeit des Tondichters, dessen 25jähriges Künstlerjubiläum mit dieser Aufführung zusammenfiel. Der Erfolg des ersten Abends hielt nicht lange an, später verschwand das Werk für einige Zeit gänzlich vom Repertoire.

Um die Reihe der dramatischen Werke Tschaikowskys zu vervollständigen, sei gleich hier seine letzte, einaktige Oper „Jolanthe" (1891) genannt, die einzige, welche bisher ausser dem „Onégin" und der Pique-Dame den Weg auf die Bühnen des Auslandes fand.

Nach der fünften Symphonie schrieb Tschaikowsky die grosse Orchesterballade „der Wojewode". Wie wir wissen, wanderte die erste Opernpartitur Peter Iljitschs, die denselben Titel führte, bald nach der Aufführung in den Ofen, ein merkwürdiger Zufall wollte es, dass auch das neue gleichnamige Orchesterwerk dasselbe Loos treffen sollte! Das Stück gefiel im Konzerte nicht besonders, der erregte Komponist übergab es noch tief in der Nacht in seinem Unmuthe den Flammen. Wie einst die symphonische Dichtung „Fatum" wurde auch diese Ballade nach Tschaikowskys Tode aus den aufgefunden Stimmen wieder in Partitur gesetzt und veröffentlicht. Hatten die letztgenannten Werke keinen hohen Rang unter den Schöpfungen des Meisters zu beanspruchen, so muss der entzückenden Musik, die er zu dem Ballett „der Nussknacker" (nach einem Hoffmannschen Märchen) schrieb, ein desto bedeutenderer Werth zuerkannt werden. Der Komponist vereinigte später eine Anzahl der reizendsten Nummern dieses 1892 veröffentlichten Werkes zu einer Suite für Orchester, welche bald die Runde durch die Konzertsäle machte.

Saint-Saëns.

Aus der im gleichen Verlage erschienenen illustrirten Saint-Saëns-Biographie von Dr. Otto Neitzel. („Berühmte Musiker" Bd. VI.)

Im Juni des Jahres 1893 hielt sich Tschaikowsky kurze Zeit in England auf. Die Universität Cambridge hatte ihm in Ansehung seiner hohen künstlerischen Bedeutung das Diplom eines Doktors der Musik zuerkannt und ihn eingeladen, dem feierlichen Akte der Verkündigung seiner neuen Würde in der Aula der Universität beizuwohnen. Am 13. Juni begaben sich die Gefeierten, neun an der Zahl, unter ihnen ausser Tschaikowsky noch die Musiker Max Bruch, Arrigo Boito und Saint-Saëns in mittelalterlicher Gelehrtentracht in den Sitzungssaal, um in lateinischer Rede durch den Sprecher dem Vizekanzler vorgestellt zu werden. Tschaikowsky wurde mit den folgenden Worten begrüsst:

„Russorum ex imperio immenso hodie ad nos delatus est viri illustris, Rubinsteinii, discipulus insignis, qui neque Italiam, neque Helvetiam inexploratam reliquit, sed patriae carmina popularia ante omnia dilexit. Ingenii Slavonici et ardorem ferridum et languorem subtristem quam feliciter interpretatur! Musicorum modorum in argumentis animo concipiendis quam amplus est! In numeris modulandis quam distinctus, in flexionibus variandis quam subtilis, in orchestrae (ut ajunt) partibus inter se diversis una componendis quam splendidus! Talium virorum animo grato admiramur ingenium illud facile et promptum, quod, velut ispsa rerum natura, nulla necessitate coactum sed quasi sua sponte pulcherrimum quidque in luminis oras quotannis submittit. Audiamus Propertium: —

> aspice quot submittit humus formosa colores;
> et veniunt hederae sponte sua melius?

Etiam nosmet ipsi hodie fronte tam felici hederae nostrae corollam sponte imponimus. Duco ad vos Petrum Tschaikowsky".

Einige Tage zuvor hatte er in einem philharmonischen Konzerte in London seine vierte Symphonie zur Aufführung gebracht.

Nach kurzer Ruhe in Klin verliess er die Heimath noch einmal, um der ersten Darstellung der Jolanthe in Hamburg beizuwohnen. Nach seiner Rückkehr vollendete Tschaikowsky seine sechste Symphonie (Pathétique).

Peter Tschaikowsky.
Nach einer englischen Photographie aus dem Jahre 1893.

Keiner anderen symphonischen Schöpfung des Meisters wurde bisher so allseitige, rückhaltlose Bewunderung gezollt, wie seiner letzten. Nicht die musikalischen Schönheiten des Werkes allein mögen es sein, die uns so unwiderstehlich fesseln, ist uns doch bei den Tönen des tief tragischen, gleichsam in sich verlöschenden letzten Satzes, als vernähmen wir das Rauschen der Fittiche des düsteren Todesengels, als lauschten wir dem Schwanensange des sterbenden Meisters. Und doch ahnte der Tondichter, der so bald nach der Vollendung seines genialen Werkes hinabsteigen musste in das Reich der Schatten, nicht das Nahen des Todes! Ebensowenig als Meister Brahms von Todesahnung erfüllt war, da er seine „ernsten Gesänge" niederschrieb. Tschaikowsky fühlte sich dicht vor seinem plötzlichen Ende wohler denn je und hatte den Kopf voller grosser Pläne. Nichtmusikalische Unternehmungen allein beschäftigten ihn, er trug sich mit Gedanken an weite Reisen, ohne zu ahnen,

dass ihm die letzte, weiteste so nahe bevorstand! Das freudige Bewusstsein, ein schönes seiner würdiges Werk vollendet zu haben, machte ihn glücklich und heiter. Einige Wochen vor seiner schweren Erkrankung schrieb Tschaikowsky einem seiner Charkower Freunde, Iljá Slatín, dem eifrigen Förderer musikalischer Bildung in Südrussland, einen Brief, in welchem er die Symphonie erwähnt:

„Den ganzen Sommer brachte ich auf Reisen zu, ich hatte nur Zeit, die Symphonie zu instrumentiren, die ich schon im Winter komponirt habe. Ich werde sie am 16. (28.) Oktober in Petersburg und am 4. (16.) Dezember in Moskau zur Aufführung bringen. Mir scheint, sie ist mir gelungen, wenigstens habe ich selten an einem Werke mit ähnlicher Liebe und Hingabe gearbeitet! Mein Gesundheitszustand ist, Gott sei Dank, ausgezeichnet".

Tschaikowsky leitete am 16. (28.) Oktober in vollstem körperlichen Wohlbefinden die erste Aufführung seiner sechsten (pathetischen) Symphonie. Die Aufnahme des Werkes war sehr kühl, doch liess sich Peter Iljitsch dadurch nicht niederdrücken, wie so oft bei früheren ähnlichen Anlässen. Er äusserte zu seinem Bruder Modest, in dessen Hause er in Petersburg wohnte: „Ich habe in meinem Leben noch kein besseres Stück geschrieben!" Am 20. Oktober (1. November) hatte er den Abend mit einigen Freunden in einem Restaurant zugebracht. Er kehrte mit heftigen Schmerzen, die ihn die ganze Nacht nicht ruhen liessen, in das Haus des Bruders zurück. Am folgenden Tage fühlte er sich leichter und konnte mit der Familie am Frühstückstische sitzen. Er war indessen sehr erschöpft und genoss nichts als ein Glas Wasser. In Petersburg hatten sich um diese Zeit wohl schon die ersten Spuren einer Choleraepidemie bemerkbar gemacht, doch waren der tückischen Krankheit in der Stadt erst fünf Menschen zum Opfer gefallen und Niemand glaubte noch ernstlich an die Gefahren der Seuche. Im Laufe des Nachmittags wurde der Zustand des Kranken besorgnisserregender und am Abend stellten sich unzweifelhaft Symptome der Cholera ein. In der Nacht schwebte der Künstler mehrere Male zwischen Leben und Tod, den aufopfernden Bemühungen der Aerzte und der

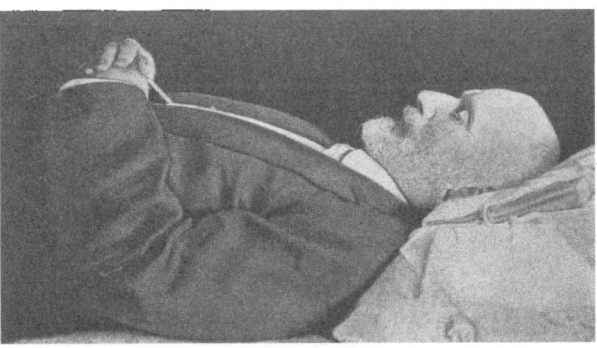

Tschaikowsky auf dem Todtenbette.

Hingabe der Seinigen gelang es, ihn noch einmal den Armen des Todesengels zu entreissen. Peter Iljitsch hielt sich für gerettet und auch die Befürchtungen seiner Verwandten waren fast geschwunden. Zum Unglücke war die scheinbare Besserung nur von kurzer Dauer, am Abende des 22. Oktober (3. November) traten schwere Störungen in der Nierenfunktion ein, das von den Aerzten dringend angerathene Bad nahm Peter Iljitsch nicht, da er sich erinnerte, dass seine Mutter in derselben Krankheit im Bade den Geist aufgegeben hatte. Am 27. Oktober (5. November) wurde der Zustand des Leidenden so hoffnungslos, dass die Aerzte in einem Bade das einzige Rettungsmittel erblickten. Der Kranke wurde ohnmächtig in der Wanne und starb nach langem Todeskampfe in der Nacht vom 24. auf den 25. Oktober (5.—6. November), nachdem ihm dicht vor seinem Ende das Bewusstsein auf einige Augenblicke wiedergekehrt war.

Die Bestürzung, welche die Kunde von dem Verscheiden Tschaikowskys hervorrief, war unbeschreiblich. Es wollte Niemand fassen, dass der Tondichter, der kurz zuvor in blühender Gesundheit, in der Vollkraft seines Schaffens unter uns geweilt hatte, der Kunst und seinen Freunden für immer entrissen sein sollte. Die Leichenfeier gestaltete sich zu einer wahrhaft grossartigen Kundgebung der allgemeinen Sympathie für den theuren Dahingeschiedenen. Ueber der letzten Ruhestätte des Künstlers erhebt sich ein Obelisk mit der Büste des verewigten Meisters, in den Räumen des Petersburger Konservatoriums wurde zur bleibenden Erinnerung an ihn eine von der Hand Beklemischeffs gemeisselte, auf Seite 91 abgebildete Statue Tschaikowskys aufgestellt.

Das schönste Denkmal hat sich der Tonmeister selbst in seinen Werken gesetzt, deren seelenvolle Melodien nicht nur in den Herzen seiner Landsleute freudigen Widerhall finden. Nicht der russischen Heimath allein gehört sein Schaffen an, es ist den Kunstfreunden aller Nationen ein theueres Vermächtniss, ein bleibendes Eigenthum Aller, die jemals seine hohe Kunst erfreute.

Tschaikowskys Grabdenkmal.

TSCHAIKOWSKYS PERSÖNLICHKEIT.

Der Lebensgang eines grossen Meisters liegt vollendet vor uns. Wohl waren es keine abenteuerlichen Schicksale, keine unerhörten Erlebnisse, die wir zu schildern hatten — an äussern ungewöhnlichen Vorgängen war Tchaikowskys Leben nicht reich. Was die reiche Welt seines Innern bewegte, wie oft Zweifel und Trauer, Hoffnung und Freude ihm den Schlag des Herzens beschleunigten, wie tief die Dornen, welche dem kühnen Eindringling den Weg nach den Höhen der Kunst wehren, auch ihn verwundeten, vermögen wir nur zu ahnen. Es ist immer der gleiche unwegsame, steile Pfad und glücklich, wen die flammende Begeisterung im Busen nicht erlahmen, noch die dunkeln Abgründe schauen lässt, die dem schwächeren Streiter ein frühes Grab werden. Nicht in seiner Kunst allein, auch als Mensch war der Meister gross und liebenswerth. Schon der Knabe, der Jüngling gewinnt sich die Herzen, in Amt und Würden in Moskau wird er von der Gesellschaft gesucht und geradezu verhätschelt. Es spricht laut für die schöne Bescheidenheit des Künstlers, dass auch nicht die Spur einer Ueberhebung in seinem Wesen bemerkbar wird, dass ihm bis zum Ende das Feingefühl der Seele eigen bleibt, das schon in den Worten und Thaten des Kindes so gewinnenden Ausdruck findet. Neben den schönen Eigenschaften des Herzens war es auch der helle natürliche Verstand und der hohe Grad der Bildung, die ihm jene feine Würde verliehen, die ihn so sicher die Achtung und Verehrung der verschiedenartigsten Kreise erringen liess. Gut aufgelegt, war Peter Iljitsch ein anregender Gesellschafter, im lebhaften Gespräch konnte sein gutmüthiger, Niemand verletzender Sarkasmus mitunter sehr erheiternd wirken. Das sympathische Gesicht Peter Iljitschs zeigte die weichen Linien des grossrussischen Typus. In seinen jüngeren Jahren, ehe Aufregungen und Kämpfe Furchen in sein Antlitz gegraben hatten, traten die charakteristischen Merkmale seiner slavischen Abstammung noch deutlicher hervor, als im Alter. Seine die mittlere Grösse etwas überragende Gestalt wies auch in seinen letzten Lebensjahren keine Spuren des herannahenden Alters auf, sie blieb ungebeugt und elastisch — nur sein Haupthaar war frühzeitig ergraut und gelichtet. Die äussere Haltung Tschaikowskys in den reifen Mannesjahren war die des vollendeten Kavaliers, dem geniale Nachlässigkeit so fern liegt wie gezierte Geckenhaftigkeit.

Wenn es wahr ist, dass das Auge das Fenster ist, durch welches man in das Innerste des Menschen schaut, so liess ein Blick in die zugleich milden und klugen Augen Peter Iljitschs nur Schönes und Herzerfreuendes entdecken Man fühlte sich warm und wohl in der Nähe dieses seltenen Mannes und schied von ihm mit der dankbaren Empfindung, um eine schöne, unvergessliche Erinnerung für die Lebenszeit reicher geworden zu sein. Doch nicht allein durch die Lauterkeit des Charakters nöthigt uns Tschaikowsky hohe Achtung ab, wir bewundern zugleich die ganz ungewöhnliche Energie und Arbeitskraft des Künstlers. Es war ihm erst im Mannesalter vergönnt, sich ausschliesslich der Tonkunst zu widmen. Seine völlige Mittellosigkeit zwang ihm Jahre hindurch eine ausgedehnte Lehrthätigkeit auf, die ihm die schönsten Stunden des Tages für das eigene Schaffen raubte und dennoch vermochte er, trotz seines vorzeitigen Endes, der Kunstwelt eine so reiche Fülle der umfangreichsten Werke zu schenken. Er verstand es meisterlich, durch eine bis ins Kleinste geregelte Zeiteintheilung die Tagesstunden fruchtbringend auszunutzen. Die Abende, welche er nur ungern und in besonders dringenden Fällen der Arbeit an Kompositionen widmete, verbrachte er, namentlich auf dem Lande, gern in Beschäftigung mit anregender Lektüre Von den Schriftstellern seines Vaterlandes zogen ihn ausser Puschkin, Gogo und Lermontoff, unter den Neueren besonders Leo Tolstói, Turgénjeff und Ostrówsky an. Eine fast überschwängliche Verehrung hegte er für Alfred de Musset, indes ihm die naturalistische Richtung Zolas innerlich unsympathisch war. Während der Lektüre des „Assommoir" fühlte er sich so abgestossen von dem Werke, dass er das Buch in Fetzen zerrissen in eine Zimmerecke schleuderte. Der gefeierte Künstler, der in den letzten Jahren seines Lebens auch ausserhalb seines Vaterlandes schöne, ungeahnte Erfolge errang, fühlte sich am wohlsten auf dem Lande. Die ländliche Umgebung, in der er die Jahre seiner Kindheit verlebt hatte, erfüllte ihn mit Eindrücken, die sich während seines ganzen späteren Lebens nicht mehr verwischten. Es zieht ihn immer wieder mit unwiderstehlicher Gewalt in die Stille und Einsamkeit der Dörfer. Dort inmitten der Reize der Natur, die er so leidenschaftlich liebte, seinen Schöpfungen leben zu dürfen, erscheint ihm als das schönste Ziel.

So oft er konnte, entfloh er dem Geräusche der Stadt und zog sich in die ländliche Abgeschiedenheit zurück. Wie gern und wie rührend spricht er nicht in seinen Briefen aus der Fremde, umgeben von den Wundern der Alpenwelt, im Glanze der Sonne Italiens, von der tiefen Sehnsucht nach den stillen Fluren des heimathlichen Dorfes, die seine Seele mit so mächtigem Zauber umfingen! Die Liebe zu der heimathlichen Scholle wuchs mit den Jahren immer mehr, es duldete ihn nicht lange in anderer Umgebung, ausserhalb des Vaterlandes pflegte ihn nach kurzer Zeit eine innere Unruhe zu befallen, die erst wich, wenn die weichen Laute der Muttersprache in sein Ohr tönten.

So weltmännisch sicher das Auftreten des Künstlers in jeder Umgebung zu sein pflegte, konnte er innerlich eine gewisse Schüchternheit nie ganz überwinden, die ihn zumal vor einer grösseren Hörermenge häufig befiel und die freie Entfaltung seines künstlerischen Könnens lähmte. Eine ergötzliche Geschichte, aus welcher zu ersehen ist, wie sehr seine Nervosität Tschaikowsky mitunter beeinflusste, theilt Kaschkin mit. Vor einer Aufführung des Capriccio espagnol von Rimsky-Korssakoff, dessen Partitur Tschaikowsky auswendig konnte, entdeckte der Dirigent die Abwesenheit des Kastagnettenspielers.

Tschaikowsky, welcher seine Partitur zum Nachlesen mitgebracht hatte, erbot sich, die Partie zu übernehmen. Der Konzertmeister Grimaly warnte den Komponisten scherzend mit den Worten: „Gieb Acht, Peter Iljitsch, dass Du den Einsatz nicht versäumst!" Tschaikowsky erwiderte ihm unwillig: „Hältst Du mich für einen solchen Esel, dass ich mit der Partitur in der Hand den richtigen Einsatz verpassen könnte?" Aber ach, es kam doch so! Die Partitur half dem nervösen Künstler nicht; im rechten Momente fehlte ihm die Geistesgegenwart, seine Kastagnetten in Bewegung zu setzen. Natürlich musste er sich zum Lohne für seine Opferwilligkeit noch weidlich verspotten lassen. Er war in Sachen des täglichen Lebens leicht zerstreut und liess sich gern darin leiten, er erklärte selbst wiederholt, dass er zur Durchführung praktischer Aufgaben nicht tauge. In der Verwaltung seiner Geldangelegenheiten war und blieb er ein sorgloses Kind. Der Hang zur Verschwendung lag ihm ferne, kostspielige Liebhabereien kannte er nicht, dennoch besass er, trotz des nicht unbedeutenden Einkommens, über das er in dem letzten Jahrzehnt seines Lebens verfügte, kein Kapital. In seiner unbeschränkten Herzensgüte konnte er fremdes Elend nicht sehen, ohne nach seinen Kräften, und oft über dieselben hinaus, Hilfe zu spenden.

Unsere Betrachtung dieser seltenen und reichbegabten Künstlernatur können wir nicht würdiger vollenden, als mit den herzlichen Schlussworten der „Erinnerungen" Laroches.

„Peter Iljitsch war über alle Massen gut. In ihm lebte nicht allein die Güte, die Jedermann ins Auge fällt, sondern auch diejenige, die Niemand ahnt. Er war auf jede Weise und nach jeder Richtung hin gut. Die entfernter Stehenden konnten das nur aus seiner Freigebigkeit ersehen, welche doch ein nur äusserer und unwesentlicher Theil seiner Güte war. Bei aller Lebhaftigkeit seines Temperamentes, dem Ausbrüche des Unwillens und sogar des Zorns nicht fremd waren, fühlte er sich doch vorzugsweise von allen guten Regungen angezogen, er liebte es, das Gute zu suchen und verstand es, dasselbe sowohl in den Schöpfungen des Künstlers, wie in der Seele des Menschen aufzufinden. Unmerklich, fast ohne es zu wollen, milderte er durch seine blosse Gegenwart die Gegensätze, versöhnte er die Streitenden und verbreitete Wärme, Licht und Freude. Sein Verlust für die Kunst ist schwer und wird von uns, seinen Zeitgenossen, vielleicht noch nicht deutlich genug empfunden, doch auch dieser Verlust scheint fast gering gegen das, was uns mit Tschaikowskys Persönlichkeit entrissen wurde, dieser wunderbaren Verkörperung der Lichtseiten des „Menschenthums!"

DIE WERKE TSCHAIKOWSKYS.

I. Orchesterkompositionen.

Man trachtet gern die Züge, welche die Persönlichkeit eines Künstlers im Leben auszeichnen, in seinen Werken wiederzufinden. Es mag nicht immer gelingen, diese Uebereinstimmung nachzuweisen, ein jeder bedeutende Mensch wird mehr wie eine verborgene Regung, die er im Leben dem Auge des oberflächlichen Beobachters nicht preisgab, in seinen Schöpfungen offenbaren. In seiner Besprechung der 6. Symphonie Tschaikowskys macht Riemann die treffende Anmerkung,[1] dass ein Jeder, welcher Tschaikowsky im Leben näher gekannt hat, sich wohl zuweilen über die, das rechte Maass nicht selten übersteigenden Kraftausbrüche in seinen Kompositionen gewundert haben mag. Vielleicht sind diese gelegentlichen Eruptionen ein Beweis dafür, wie wild und ungestüm zu Zeiten das heisse slavische Blut in dem Künstler aufwallte. Der hohe Grad der Selbstbeherrschung und Herzensbildung, die Tschaikowsky eigen waren, liess die Spuren dieser Kämpfe nur selten an die Oberfläche treten. Die weiche, lyrische Seite seines Empfindens, die tiefe Innigkeit, deren er fähig war, gab ihm die entzückendsten Melodien ein; wo es gilt die Wunder der Liebe zu preisen, wird er wahrhaft beredt, weiss er die holdesten Töne zu finden. Es ist kaum möglich, Tschaikowsky als Komponisten einer bestimmten Kategorie einzureihen, ihm Sitz und Stimme bei einer besonderen musikalischen Fraktion anzuweisen.

Man begegnet häufig der Annahme, Tschaikowsky gehöre der sogenannten „jungrussischen" Richtung an, eine Voraussetzung, die ebenso irrthümlich ist, als wenn man beispielsweise Brahms zu den „Neudeutschen" zählen wollte. Tschaikowsky nimmt auch unter den Komponisten seines Vaterlandes eine Sonderstellung ein, seine universelle Geistesbildung bewahrte ihn davor, sich grundsätzlich den Anregungen der „westlichen" Musik zu verschliessen. Lässt seine Musik die slavische Abstammung ihres Schöpfers auch kaum jemals ganz vergessen, so fusst sie doch nicht annähernd so ausschliesslich auf der Volksweise, wie etwa bei Sseroff; ist wie bei den meisten seiner Landsleute, so auch bei ihm die Instrumentation farbenstrotzend und buntschillernd, die Modulation bis zur Verwegenheit kühn, so hütet er wiederum die „klassischen" Formen im Gegensatze zu Borodin und Rimsky-Korssakoff mit grösserer Sorgfalt und betritt seltener, man möchte fast sagen zaghafter, das Gebiet der Programm-Musik.

Die unerschöpflich reichen Klangmischungen des Orchesters zogen Tschaikowsky schon im Beginne seiner Laufbahn mächtig an. Des Künstlers feines Ohr belauschte jedes Instrument in seinen geheimsten Regungen, er suchte das innerste Wesen der Instrumente zu ergründen und lernte es, neue ungeahnte Klänge aus ihrer Vereinigung hervorzuzaubern. Das Beste und Bedeutendste, was er zu sagen hatte, hat Tschaikowsky durch den Mund des Orchesters verkündet. Die so unverkennbare Eigenart der musikalischen Ausdrucksweise Tschaikowskys gelangte bereits in einigen seiner frühesten Orchesterwerke zum Durchbruch, während sich in seinen Klavierkompositionen noch eine Zeit hindurch der Einfluss des ihm nicht einmal besonders sympathischen Chopin und der Schumanns bemerkbar macht. Es ist, als ob er des Orchesters bedurft hätte, um sich völlig ungezwungen aussprechen zu können. Die frappanten Züge der Künstlerphysiognomie Tchaikowskys vermissen wir wohl noch in der etwas jugendlich-unreifen Ouvertüre zu dem Drama „Das Gewitter" von Ostrowsky, wir finden sie aber bereits deutlich ausgeprägt in einem 1865 von Joh. Strauss in Pawlowsk aufgeführten Orchesterstück, das in etwas veränderter Fassung als „Tanz der Mägde" in die erste Oper „Der Wojewode" aufgenommen wurde.

Die Aufgabe, die künstlerische Individualität eines Meisters mit Worten zu schildern, ist kaum erschöpfend zu lösen. Die Beschreibung wird nothgedrungen an gewissen, mehr oder minder auffallenden Aeusserlichkeiten haften, ohne dem innersten Sein, dem eigentlichen Kernpunkt näher zu kommen. Die Volksweisen, die Tschaikowsky bisweilen in seine Werke verwebt, geben denselben wohl ein besonderes, durch seine Fremdartigkeit fesselndes Lokalkolorit, die Wurzeln seines eigensten Wesens ruhen aber in weit grösserer Tiefe, ja, seine Eigenart tritt viel deutlicher zu Tage, wenn er auf Citate aus dem Melodienschatze des Volkes verzichtend sich völlig frei und selbständig giebt, durch gewisse durch das Wort nicht zu erklärende harmonische und melodische Wendungen werden wir indessen auch dann daran gemahnt, dass der Künstler ein echter Sohn seines Landes, der Spross eines anderen Stammes ist.

Er liebt es, die Schlüsse einzelner seiner Hauptthemen in weitausgedehnten Wiederholungen verklingen zu lassen, zu grossen Partien eines Werkes den gleichen Basston festzuhalten — weit, unbeweglich scheint sich dann Alles vor uns zu dehnen, wie die Steppen seiner russischen Heimath, beängstigend einförmig scheinbar und doch der intimsten Reize voll für den liebevollen Beschauer!

In der richtigen Erkenntniss, dass die reine Volksmusik, gleich der Dialektdichtung auf ein kleines Gebiet beschränkt ist und ihrem Ausdrucksvermögen enge Grenzen gesteckt sind, begnügt sich Tschaikowsky keineswegs mit einer blossen Nachahmung der Naturlaute des Volksliedes. Er sucht die nationalen Elemente mit den allgemein gültigen Forderungen der musikalischen Kunst in Einklang zu bringen und erreicht in seinen besten Werken eine Verschmelzung von Natur und Kunst, die völlig ungezwungen und unauflöslich erscheint, die Weise des Volkes ist ihm nur die Mutter Erde, die heimathliche Scholle, auf der er seine stolzen Bauten errichtet. Eine Sage des Alterthums erzählt uns, wie

Antäus durch die Berührung mit der Erde immer wieder neue Kraft gewann, sollte nicht auch die Musik, ähnlich dem Riesen der Vorzeit, aus der Annäherung an ihren Urgrund, die Volksweise, frische Lebenselemente schöpfen können?

Ein jedes der grösseren symphonischen Werke Tschaikowskys zeigt uns den Künstler als einen Meister der Polyphonie, dessen kontrapunktische Kunst auf einer hohen Stufe der Vollendung steht. Ihm ganz eigenthümlich sind jene originellen halb chromatisch, halb diatonisch geführten Gegenstimmen, mit denen er wie mit zierlichen Guirlanden seine Themen schmückt. Unerschöpflich erscheint Tschaikowsky in der Weiterentwicklung einzelner Motive seiner Gedanken zu neuen Gebilden in künstlich verschlungener Stimmführung; wenn die Massen des Orchesters am stürmischsten durcheinander wogen, die Aufregung ihren Höhepunkt erreicht hat, lässt er gern inmitten des Aufruhrs der Instrumente ein markiges Thema durch den ehernen Mund der Trompeten und Posaunen ertönen. Gedenken wir, dass sich bei Tschaikowsky die Kunst der thematischen Arbeit, unbedingte kontrapunktische Meisterschaft und eine reiche Formphantasie mit der eminentesten Beherrschung aller orchestralen Mittel verbinden, so werden wir in ihm noch deutlicher den berufenen Symphoniker erkennen.

Zu den frühesten Orchesterwerken Tschaikowskys gehört: Entreact und Airs de ballet (Tanz der Mägde) aus der vom Komponisten vernichteten Oper „Der Wojewode". Den Anfang bildet ein langsamer klagender Satz in echt russischer Weise, dem sich einige reizvolle Tanz-Melodien im Volkstone anschliessen.

Wir bemerken schon hier die Neigung Tschaikowskys, seinen Themen Gegenmelodien und nachahmende Begleitungsstimmen hinzuzufügen und verschiedene Gedanken in überraschender Weise zu kombiniren. Die wenigen uns erhaltenen Bruchstücke lassen den Verlust der Oper lebhaft bedauern.

Seine erste Symphonie „Winterträume" (op. 13, Gmoll) schrieb Tschaikowsky kurze Zeit nach seiner Berufung an das Moskauer Konservatorium. Obwohl der Titel des Werkes auf ein poetisches Programm als Grundlage der Musik hindeutet, gab Tschaikowsky nur den beiden ersten Sätzen besondere Bezeichnungen „Träumerei auf winterlicher Fahrt" und „Rauhes Land, Nebelland!". Die Symphonie hat die herkömmliche Sonatenform. Zeigt sich der Künstler in der Instrumentation noch nicht als den vollendeten Koloristen, den wir in den spätern Orchesterwerken bewundern, so verräth doch nichts darin die unsicher tastende Hand des Anfängers. Ein gewisser jugendlicher Uebereifer ist allenfalls in der etwas weitgehenden Modulation des ersten Theils zu spüren. Der erste melancholisch-träumerische Satz ist der gelungenste Theil des Werkes. Wie Geriesel unaufhörlich fallender Schneeflocken tönt es aus der lang anhaltenden Sechzehntelfigur: zutretende, durch häufige Einmit welcher Violinen und Bratschen schnitte unterbrochene schwerden Satz eröffnen. Das später hin- müthige Thema lässt uns an das eintönige, leise gesummte Lied des Rosselenkers denken, welcher den Schlitten über die winterliche schneebedeckte Ebene leitet.

Der langsame Satz enthält schöne volksthümliche Motive, er wirkt aber etwas einförmig, da den Themen die Gegensätze fehlen. Das nationale Element kommt am wenigsten in dem viel früher komponirten Scherzo zum Ausdruck.

Obwohl Tschaikowsky einen nur selten trügenden Spürsinn in der Auffindung neuer Klangmischungen zeigt und er die feinsten, duftigsten Farbentöne seiner Palette zu entnehmen weiss, verwendet er, zum mindesten in seinen frühesten Orchesterwerken, die Blechblasinstrumente, das schwere Geschütz der Orchesterschlacht in gar zu ausgiebigem Maasse. In einzelnen seiner Sätze überschreitet er des Oefteren die feine und dennoch scharf markirte Grenzlinie, welche Kraft von Rohheit scheidet, auch das Finale der Symphonie wird in seiner Gesammtwirkung durch bisweilen etwas vorlautes Dreinfahren der Blechinstrumente beeinträchtigt.

Dem ursprünglichen Talente, das Neues und Eigenes zu offenbaren hat, fällt weises Maasshalten in seinen Erstlingswerken schwerer als der flacheren, alltäglichen Durchschnittsbegabung. Zweifellos hat Tschaikowsky in der Folge reifere, abgeklärtere Werke geschaffen, wie diese Symphonie, doch ist der Flügelschlag echter Begeisterung und das Walten einer eigenartigen Schöpferkraft darin nicht zu verkennen.

Das nächste grössere Orchesterstück, die Ouvertüre zu Romeo und Julia, schrieb Tschaikowsky im Jahre 1868, zwei Jahre darauf unterwarf er das Werk einer gründlichen Umarbeitung. Diese Komposition zeigt den Künstler bereits auf der Höhe der Meisterschaft in der Behandlung des Orchesters, es ist eines seiner poesievollsten und genialsten Werke. Es sei mir die peinlich genaue Untersuchung erlassen, ob es dem Tondichter gelungen sei, die wunderbare Liebestragödie des grossen Briten getreu in die Sprache der Tonkunst zu übertragen und ob es überhaupt möglich sei, ein Meisterwerk der einen Kunst mit den Mitteln einer andern vollkommen nachzuschaffen; die Hauptmomente der Handlung sind ohne Zweifel so anschaulich dargestellt, wie eine Musik, die ihr innerstes Wesen nicht verleugnen soll, es nur immer vermag.

Nach einer choralartig einsetzenden, wundervoll harmonisirten Einleitung voller Wehmuth und schmerzlicher Liebessehnsucht tritt ein kraftvolles, trotziges Allegro ein, Kampf und Streit kündend. Ein hinreissend schönes Gesangsthema in Desdur, das zu den genialsten Eingebungen Tschaikowskys gehört und ganz die eigene Sprache des Künstlers redet, folgt auf diese stürmische Episode. Wahrhaft berauschend wirken die gedämpften Geigen und Bratschen mit ihren seltsamen, ergreifenden Harmonien, in welche das Horn seine süssesten Laute mischt. Der holde Zauber einer Mondnacht ist in diese Töne gebannt, es ist, als ob das leise Rauschen der Gebüsche sich dem Geflüster der Liebenden vereinte, schützend und vorsorglich, auf dass kein Lauscherohr die heimlichen Liebesworte vernähme. Ein feiner Zug des Meisters ist es, dass er dasselbe Thema gebrochen und in sich verlöschend zur Schilderung des tragischen Endes der Liebenden verwendet.

Die zweite Symphonie (op. 17, C-moll) kann am passendsten mit dem Beinamen der „russischen" bezeichnet werden. Ein Andante sostenuto bereitet auf das erste Allegro vor. Nach einem kurzen Tutti-

schlage tritt das Horn mit einem elegischen Thema auf, das dem Volksmunde abgelauscht erscheint.

In der Art und Weise, wie Tschaikowsky dieses Thema stets neu beleuchtet, indem er es bald der klagenden Stimme des Fagotts anvertraut, bald in kanonischer Führung in den kühnsten Modulationen in ein dröhnendes Orchestertutti einmünden lässt, bis es endlich in leisen Horntönen wiederum verklingt, zeigt es sich deutlich, wie rüstig der Künstler seit seiner ersten Symphonie auf der Bahn zur Höhe der Meisterschaft vorangeschritten war. Der knappe, scharf umrissene Allegrosatz weist ausser meisterlicher Formgebung originelle Gedanken auf, namentlich das Gesangsthema ist ein echter „Tschaikowsky". Die Stelle des langsamen Satzes nimmt ein ungemein wirkungsvolles Andantino marziale ein, ein phantastischer Marsch, mit kaum hörbaren Paukenschlägen anhebend und am Schlusse wie in weitester Ferne gleichsam in Nichts zerrinnend. Es ist eines der wenigen Fragmente, die Tschaikowsky aus seiner „Undine" gerettet hat. Das Scherzo steht an Bedeutung hoch über dem etwas unselbstständigen Scherzosatze der ersten Symphonie. Voller Leben und Humor dahinstürmend, bringt es harmonische und rhythmische Ueberraschungen in reicher Fülle, das höchst originelle Trio klingt wiederum stark an die echte Volksweise an. Dem Schlusssatze ist trotz der anscheinenden Dürftigkeit des thematischen Materials ein fortreissender Schwung eigen. Dem Hauptthema, einem bekannten, nur aus 4 Takten bestehenden

1tes Thema.

Volksliede ist nur eine einzige, auch recht kurzathmige Melodie als Gegensatz zur Seite gestellt.

Dieses Finale gehört zu den Sätzen Tschaikowskys, welche geeignet sind, heftigen Widerspruch hervorzurufen. Eine gewisse trotzige Urwüchsigkeit, deren ungezügelte Kraftausbrüche zuweilen etwas Beängstigendes haben, lebt in dem Stücke, bewundernswerth bleibt indessen doch die Kunst, mit der Tschaikowsky den wenigen Noten des Themas durch überraschende Modulationen und kühne Harmonisirung, durch kunstvolle Gegenstimmen und blendende Orchesterwirkungen immer neue Seiten abzugewinnen weiss.

Die Orchesterphantasie „Der Sturm" (op. 18) nach Shakespeare steht an Originalität und Kraft der Erfindung unter der Ouvertüre zu Romeo und Julie, dem ersten Versuche Tschaikowskys, einen Shakespeareschen Stoff durch den Ton zu illustriren. Wohl ist die Meeresstille und der später losbrechende Aufruhr der Elemente mit greifbarer Deutlichkeit geschildert, doch hält die Liebesszene keinen Vergleich aus mit der analogen Stelle der Romeomusik. Das Liebesthema der Sturmphantasie wirkt am fesselndsten, wenn es, im Pianissimo auftretend, das erste Erwachen der Leidenschaft malt, späterhin, vom Glanze des vollen Orchesters bestrahlt, erhält es einen Anflug von Trivialität. Aeusserst drastisch ist die musikalische Zeichnung Calibans, des plumpen, tückischen Gesellen.

Die dritte Symphonie (op. 29, D-dur) zeigt gegen die beiden Vorgängerinnen gehalten eine noch gesteigerte Kunst der kontrapunktischen Durcharbeitung und eine noch farbenreichere Instrumentation. Eigenthümlicher Weise überschreitet Tschaikowsky die herkömmliche Vierzahl der Sätze in diesem Werke. Zwischen dem ersten Allegro und dem langsamen Satze schiebt er ein Allegro moderato alla tedesca ein,[1] einen verschämten Walzer, dem nur der Titel fehlt. Tschaikowsky liebt es, die Grenzlinien zwischen der Symphonie und der Suite zu verwischen, seine Suiten enthalten bisweilen Sätze rein symphonischen Charakters, während er in der Symphonie die kleineren Liedformen des Marsches und des Walzers gern zur Anwendung bringt. Auch der letzte Satz der D-dur-

17 Mars 1889
Hannovre.

Chère et bonne Madame!
Vous devez me prendre pour
un ingrat, pour un homme qui
oublie trop vite ce qu'il pro-
-met, enfin pour un bien triste
personnage. Non seulement je
ne suis pas venu à Francfort,
mais depuis plus d'un mois,
je ne donne signe de vie.
Mais voilà ce qui m'est
arrivé depuis Berlin. Comme
Paul a dû vous l'écrire,
de Berlin je suis allé à
Leipsick et c'est de cette

Erste Seite eines Briefes von Tschaikowsky.

Symphonie, eine Art Polacca, drängt sichtlich zum Genre der Suite hin. Die schöne Einleitung zum ersten Satze fesselt durch einen ganz eigenartigen Stimmungsgehalt. Der Durchführungstheil des Allegro steckt voller kontrapunktischer Finessen, doch behauptet die Gelehrsamkeit das Feld auf die Dauer zu ausschliesslich. Wir vermissen in dem Satze die wunderbare Gabe eines Beethoven, immer Schöneres und Herrlicheres aus unscheinbarem Keim hervorblühen zu lassen, gar zu oft begnügt sich Tschaikowsky damit, ganze Partien notengetreu in verschiedene Tonarten zu versetzen, eine Manier, die er auch in andern Werken bisweilen zu häufig anwendet. Die Perle des Ganzen ist der sozusagen eingeschmuggelte walzerartige Satz voller entzückender Lieblichkeit und schelmischer Grazie; auch in der Instrumentirung und der thematischen Durcharbeitung verrathen hier feine Züge die Meisterhand. Das Andante elegiaco ist einer jener stimmungsvollen Sätze voll sanfter Trauer, in denen das Talent Tschaikowskys sich von der liebenswürdigsten Seite zu zeigen pflegt. In den Werken des Künstlers findet sich die „Elegie" sehr häufig und fast immer in unmittelbarer Nachbarschaft des Walzers. Das Scherzo enthält eine reiche Fülle pikanter Instrumentaleffecte; nicht in gleichem Maasse anziehend ist die melodische Erfindung. Einen geistreichen Scherz, der allerdings nicht frei von einer gewissen Absichtlichkeit ist, giebt Tschaikowsky in dem Trio zum Besten, zu dem stetig ausgehaltenen Tone D des Horns erscheint das Thema der Reihe nach in nicht weniger als 7 verschiedenen Tonarten. Im Ganzen genommen wäre unter den 5 Sätzen der Symphonie das Scherzo am leichtesten zu entbehren. Möglicher Weise trug Tschaikowsky seiner Zeit Bedenken, in einer Symphonie den Scherzosatz vollständig durch einen Walzer zu ersetzen. Im Gegensatze zu der zweiten Symphonie tritt das rein slavische Element in diesem Werke etwas in den Hintergrund.

Der „slavische Marsch" (op. 31) ist eine Gelegenheitskomposition mit allen Merkmalen einer solchen. Einige slavische Originalthemen und die russische Volkshymne treten lose mit einander verbunden darin auf, ohne durch interessante Weiterbildung erhöhte Bedeutung zu erlangen.

Die Orchesterphantasie „Francesca da Rimini" (op. 32) nach Dante zeigt uns Tschaikowsky als Kämpen in den vordersten Reihen der Programmmusiker, denen er indessen niemals dauernd Gefolgschaft leistete. Er steht in diesem Werke sichtlich unter dem Einflusse Liszts und dessen Dantesymphonie, die Chromatik spielt auch in der Tschaikowskyschen Illustration des Stoffes eine hervorragende Rolle. Mit einem wuchtigen Motive, das an das Rütteln der Verzweifelnden an dem Thore der Unterwelt denken lässt, hebt das düstere Tongemälde an. Das Allegro vivo malt in geradezu brennenden Farben alle Schrecken der grausigen Stätte. Ein Wirbelsturm rast durch die Höllenräume, aufgescheucht flattern Gestalten aus den dunkelsten Winkeln auf, heulend und jammernd in namenlosem Weh. Eine wundervolle, rührende Melodie begleitet die Erscheinung der Liebenden inmitten der Schrecknisse des düstern Ortes. Tschaikowsky hat diese Partie seiner Schöpfung mit besonderer Liebe entworfen. Verleugnet er auch in den anderen Theilen des Werkes das eigene Ich nicht in dem Masse, dass von einer sklavischen Nachahmung eines Vorbildes die Rede sein könnte, so findet er doch erst hier sich selbst ganz wieder. Die Phantasie gehört zu den verbreitetsten Werken des Meisters; so sehr ich die Vorzüge dieser Komposition schätze, möchte ich dieselbe doch den vollwichtigen Meisterwerken Tschaikowskys nicht zuzählen, die eigen geartete Individualität des Künstlers spricht sich in anderen seiner Werke jedenfalls überzeugender und schlagender aus.

In der vierten Symphonie (op. 36, F-moll) finden wir die eigene Handschrift Tschaikowskys aufs Neue deutlich wieder, trotzdem sich Tschaikowsky in diesem Stücke von seiner ihm bisweilen gefährlich werdenden „Manier" unabhängiger zeigt denn je. Wie eine in Stein gemeisselte Ueberschrift steht das Anfangsmotiv da:

Andante sostenuto.

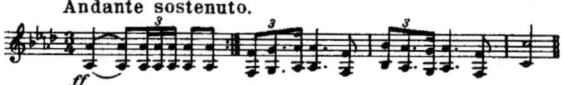

Erschütternd wirken die gewaltigen Harmonien, die später hinzutreten. Wo dieses heldenhafte Thema in dem Satze auch erscheinen möge, immer beherrscht es gebietend das Feld, packend ist es durch die Wucht seines Auftretens in der Durchführung inmitten der wilderregten Brandung der Harmonien und Rhythmen.

Die beiden Mittelsätze der Symphonie gehören zu dem Reizendsten, was die Literatur für Orchester besitzt, das sinnige Andantino in modo di canzone blendet nicht, zieht aber bei vertrauter Bekanntschaft immer mehr an. Das Scherzo, pizzicato ostinato, höchst originell in der Erfindung, enthält Klangwirkungen von schwer zu beschreibendem Zauber. Im ganzen Satze kommen die Streichinstrumente nur pizzicato zur Anwendung, sie beginnen mit dem eigentlichen Scherzothema, darauf intoniren die Holzblasinstrumente ein Trio in der Art einer Musette, durch eine Umbildung des Hauptthemas entsteht ein zweites Trio der Blechblasinstrumente und Pauken. Wie sich im Laufe des Stückes diese verschiedenen Elemente ablösen und wieder mit einander verbinden und fast unmerklich in einander übergehen, das ist mit Worten schwer zu schildern, der Enthusiasmus, den dieser Satz bei jeder Aufführung hervorzurufen pflegt, ist sehr begreiflich. Dem Finale, das nicht ganz frei von dick instrumentirten Partien ist, liegt ein bekanntes russisches Volkslied zu Grunde, das in der geistreichsten Weise weiter entwickelt und kontrapunktisch ausgeführt wird. In der Mitte des Satzes tritt das „Schicksalsmotiv" des Anfangs wieder auf.

Bei der Betrachtung der Symphonien Tschaikowskys bemerkten wir, dass sich der Komponist in einzelnen seiner Sätze bewusst oder unbewusst der Suitenform näherte, es nimmt uns nicht Wunder, ihn das Gebiet dieser Kunstform endlich mit voller Entschiedenheit betreten zu sehen.

In der ersten Suite (op. 43, D-moll) macht Tschaikowsky den älteren musikalischen Formen noch gewisse Zugeständnisse, wir finden in dem Werke unter Anderem eine Fuge und am Schlusse eine Gavotte. Ungeachtet dieses Zurückgreifens auf Formen, deren Blüthe einer vergangenen Kunstepoche angehört, hat die Tonsprache Tschaikowskys nichts Alterthümelndes.

Introduktion und Fuge athmen durchaus modernen Geist, die Introduktion ist ein wahrhaft ergreifendes Stimmungsbild, die Fuge ein Meisterstück kontrapunktischer Kunst, jede Seite der Partitur ist überreich an fesselnden Zügen. Es ist ein Stück, wie aus einem Gusse, keine Note zu viel, keine zu wenig!

Das Divertimento mit dem originellen Solo der melodieführenden Klarinette streift leicht an Walzerart, der Satz zählt zu dem Besten und Eigenthümlichsten das wir der Feder Tschaikowskys verdanken. In dem Intermezzo wechselt eine einfache aber ungemein ausdrucksvolle Melodie mit einem leidenschaftlichen Gegenthema, das nicht überall den vornehmen Zug bewahrt, der den Satz im Uebrigen auszeichnet. Wie so oft, ist Tschaikowsky auch dieses Mal sehr glücklich in der Erfindung des Scherzo, das Trio desselben hat ausgesprochenen Volkston. Der fünfte Satz, ein später hinzukomponirter „Miniaturmarsch" trägt die Anmerkung: ad libitum. So reizend die Klangeffecte dieses Spieldosenstückleins auch sein mögen, scheint mir dasselbe doch nur wenig in den Rahmen des Werkes zu passen. Der Kontrast zwischen den tiefernsten Klängen des Einleitungssatzes und dem Gezwitscher und Gezirpe dieser Tönchen, deren Bass die Klarinette bildet, ist zu wenig im Plane des Ganzen begründet. Die Gavotte hat ein frisches, natürlich erfundenes Hauptthema, doch fehlt ihr hervorstechende Eigenart.

Tschaikowsky's Wohnzimmer in Klin.

Das „italienische Capriccio" (op. 45) besteht aus einer Reihe von italienischen Volksthemen, welche der Künstler in Florenz kennen lernte und zu einem potpourriartigen Stücke verband, das in einer von bacchantischer Lust überschäumenden Tarantella seinen Gipfelpunkt erreicht. Die glänzende Orchestration, die Tschaikowsky den zum Theil etwas gewöhnlichen und süsslichen Themen angedeihen liess, erscheint fast als eine nutzlose Verschwendung — werthlose Kiesel in kostbarer Fassung.

Ueber die Entstehung der Ouvertüre „1812" ist das Nähere bereits mitgetheilt worden. Trotz einzelner hinreissend schöner Einfälle und einer fabelhaften Technik der Instrumentation wird das Stück im Konzertsaale, für den es ursprünglich ja garnicht bestimmt war, leicht auf Widerspruch stossen, im kleineren, geschlossenen Raume wirkt die Gewalt der Tonfluth erdrückend. Wie dem auch sein möge, die Genieblitze, welche in dem Werke aufflammen, sind nicht hinwegzuleugnen, seiner' ganzen Anlage und Durchführung nach ist es nichts weniger, als eine blosse Gelegenheitsdichtung in Tönen.

Wenn die zweite Suite (op. 53, C-dur) auch in mancher Beziehung der ersten nachsteht, enthält sie doch einige werthvolle Sätze, so ist gleich das erste Andantino (Jeu de sons) ein reizendes kleines Kabinetsstück, in welchem man Tchaikowskys Art aus jedem Takte hört. Ein stark kontrapunktisch gehaltenes Allegro, aus dem eine herbe, rücksichtslose Energie spricht, folgt der lieblichen Idylle. Ein Walzer fehlt auch dieses Mal nicht. Ist die höchste Noblesse der Tonsprache zwar nicht immer gewahrt, so wird man doch an einer Reihe allerliebster Einfälle Freude haben können. Im Scherzo burlesque, mit einem russischen Volksliede im Trio, treibt ein wilder Uebermuth sein tolles Spiel. Einzig dastehend in der ganzen Orchesterliteratur ist wohl die Verstärkung des Orchesters durch die — Ziehharmonika! Dieses so wenig salonfähige Instrument soll der Angabe in der Partitur zufolge in zwei Exemplaren vertreten sein. Eine selbstständige Rolle spielt das Instrument indessen in keinem Takte, es darf, wie der Komponist selbst vermerkt, auch fortbleiben.

Märchenhafte Klänge, die ein verschwiegenes Programm illustriren, umfangen unser Ohr im vierten Satze. Der Komponist giebt nur durch die Ueberschrift „Rêves d'enfant" unserer Einbildungskraft einen gewissen Anhaltspunkt, die Einzelheiten enthält er uns vor. Der Schlusssatz „Danse baroque" (Style Dargomyschsky) ist ein äusserst wildes, bizarr harmonisirtes Stück. Tschaikowsky ahmt darin mit vielem Humor die Weise Dargomyschskys nach, wie sie sich in dessen, in Russland vielgespieltem „Kleinrussischen Kosackentanz" so drastisch äussert. Nicht immer bleibt er treu in seiner Rolle, bisweilen nimmt er die vorgehaltene Maske ab und zeigt das eigene, schelmisch lächelnde Gesicht. Als das vollendetste der Suitenwerke Tschaikowskys muss die dritte Suite (op. 55, G-dur) bezeichnet werden.

Die Elegie ist ein Stück voll sanfter Wehmuth, die Tschaikowsky so meisterlich in Tönen auszudrücken weiss.

In dem Walzer (mélancolique) mit seiner originellen, wie durch Seufzer unterbrochenen Melodie der Bratschen über den dunkel gefärbten Harmonien tiefer Klarinetten und Fagotte gewinnt der Künstler dieser Tanzform ganz neue Seiten ab.

Das Scherzo, eine glückliche Mischung von Tarantella und Marsch, gehört zu den originellsten Sätzen Tschaikowskys.

In den Variationen, denen ein sehr einfaches, aber sinniges, ausdrucksvolles Thema zu Grunde liegt, zeigt sich der Künstler als ein Meister dieser Form.

Er verwendet fast zu jeder Variation eine neue Zusammenstellung von Instrumenten, ein anderes kleines Orchester, bildet aus dem Thema bald ein humoristisches Fugato, ein ausgelassenes volksthümliches Tanzlied, eine schwermüthige Dumka, kurz, er ist unerschöpflich in der Umgestaltung des thematischen Materials. Nach einer langen, die Erwartung aufs Höchste spannenden Einleitung auf einem Orgelpunkt im Basse setzt als Schlussvariation eine im festlichen Glanze daherrauschende Polonaise ein.

Wir sahen schon, dass Tschaikowskys Lustigkeit bisweilen einen etwas harten Tritt hat, auch in diesem Finale machen sich die Blechblasinstrumente oft übermässig bemerklich, dennoch reisst das Stück durch seinen grossen Zug unwiderstehlich fort.

In dem ganzen Werke zeigt sich die Gabe Tschaikowskys, originell zu erfinden und meisterhaft auszugestalten, in der überzeugendsten Weise.

In der Manfredsymphonie (op. 58) betritt Tschaikowsky nach längerer Pause wieder einmal das Gebiet der Programmmusik. Im Allgemeinen bleibt Tschaikowsky mehr er selbst, wenn er seiner Phantasie keine Fesseln anzulegen hat; nach Laune durch die Gefilde wandelnd, fühlt er sich freier, als auf dem Botengange nach einem festbestimmten Ziele. Gleich einem Leitmotive durchzieht die ganze Symphonie der Schmerzensruf Manfreds:

Wie die „idée fixe" in Berlioz' „phantastischer" Symphonie taucht diese Melodie überall auf wie ein gähnender, finsterer Abgrund. Der erste Satz schildert den bis zum Aufschrei der Verzweiflung sich steigernden Schmerz einer verdüsterten Seele, wunderbare, tiefe Klangfarben, wie man sie vor Tschaikowsky selten im Orchester vernommen, senken sich wie die dunkeln Schatten der Nacht über das Bild. Die Erscheinung der Alpenfee im Regenbogen des Wasserfalles regte Tschaikowsky zu einem Scherzo an, in dem ein wahrer Sprühregen glitzernder und funkelnder Tongarben herniedergeht, es ist ein Spross desselben sagenhaften Geschlechtes, dem Berlioz' Fee Mab entstammt. Alles in Allem herrscht das rein Dekorative zu stark vor, wir haben ein glänzendes Feuerwerk vor uns, dessen glühende Farbenpracht blendet, aber nicht wärmt. In das Scherzomotiv und das ans Triviale streifende Triothema tönt auch in diesem Satze der Schmerzensruf. Inmitten der Landleute und Hirten, deren unschuldige Freuden der dritte Satz schildert, erscheint gleichfalls das Bild des gramverzehrten Manfred. Der vierte Satz führt uns in den unterirdischen Palast Ahrimans, Manfred erscheint inmitten des Bacchanals, der heraufbeschworene Schatten Astartes verkündet Manfred das Ende seiner irdischen Leiden. Im Gegensatze zu Byron lässt Tschaikowsky seinen Helden versöhnt sterben.

Die Manfredsymphonie zeigt unverkennbar den Einfluss Berlioz' und zwar nicht zum Vortheile Tschaikowskys, für das, was er hingiebt, tauscht er nicht genug ein. Es gelingt unserem Künstler nicht wie Berlioz, etwas in seiner Art Einheitliches zu schaffen, der absolute Musiker kommt in allerhand Konflikte mit dem Programmmusiker, das Programm drückt wie ein schwerer Panzer auf den zarten Leib der Muse Tschaikowskys.

Bei der Schilderung der Orgie im letzten Satze geht es ohne knirschende Dissonanzen und betäubenden Orchesterlärm nicht wohl ab. Wenn die Tonkunst, deren ureigenstes Wesen Wohllaut ist, das misstönende Geschrei des wüsten Zechgelages charakteristisch darstellen soll, muss sich die sinnige Muse wohl oder übel zur wilden Mänade verwandeln. Kann man dem ganzen, zweifellos bedeutend angelegten Werke nicht in Allem und Jedem das Wort reden, so verdient es eine Vorführung doch in demselben Maasse wie die in ihrer Tendenz ähnlichen Berliozschen Werke.

Die vierte Suite (op. 61) „Mozartiana" ist kein Originalwerk Tschaikowskys, sondern eine Zusammenstellung und Instrumentirung Mozartscher Sätze, eine Huldigung, die der Künstler im Jahre 1887 seinem musikalischen Abgotte zur 100jährigen Jubelfeier des Don Juan darbrachte.

Obgleich der fünften Symphonie (op. 64, E-moll) jeder Hinweis auf ein Programm fehlt, theilt sie mit der Manfred-Symphonie die Eigenthümlichkeit, dass das Einleitungsmotiv mehr oder minder deutlich in jedem der vier Sätze wiedererscheint, unter welchen der erste unstreitig der bedeutendste ist. Die häufige Wiederholung gleicher rhythmischer Motive wirkt etwas ermüdend, sehr schön ist am Schlusse des Satzes das Dahinschwinden des Themas in den dunkeln Schatten der tiefsten Tonregionen. Die übrigen Sätze der Symphonie bewegen sich in Bezug auf ihren Werth in absteigender Linie. Von der Meisterschaft des Künstlers giebt zwar jede Seite der Partitur die schlagendsten Beweise, doch wollen die Schwingen seiner Phantasie sich nicht so willig wie sonst wohl zu hohem Fluge regen.

Die Hamletmusik (op. 67) zeigt den Meister ebenfalls nicht ganz auf der Höhe seines Könnens, der volle Reichthum seiner Erfindungskraft, die ganze Macht seiner künstlerischen Invidualität tritt erst wieder völlig ungehindert zu Tage in dem rührenden Schwanengesange des Künstlers, der sechsten Symphonie (op. 74, H-moll pathétique). Es mag sein, dass in anderen Orchesterwerken Tschaikowskys die Genieblitze noch heller aufleuchten, dass darin mitunter musikalische Einfälle zu bewundern sind, deren Neuheit noch überraschender ist, als Ganzes genommen zeigt keine andere seiner Schöpfungen eine solche Abrundung, eine derartige Vertiefung, wie dieses Werk, das zum Schmerze seiner Freunde sein letztes werden sollte. Mit keinem Worte deutet der Künstler in der Partitur auf ein poetisches Programm hin, die Töne sind aber so voller sprechendem Ausdruck, von dem ersten schmerzlichen Aufstöhnen des Fagotts inmitten der düstern Harmonien getheilter Kontrabässe bis zu dem durchschauernden geheimnissvollen Tamtamschlage während der mystischen Posaunenklänge im letzten Satze und dem Ersterben in der schaurigsten, bodenlosen Tiefe des Orchesters, dass es schwer ist, keinen Kommentar zu dem Werke zu schreiben. Selbstverständlich konnte der Ton hoffnungsloser Klage in einem ausgedehnten mehrsätzigen Werke nicht ausschliesslich festgehalten werden. Schon im ersten Satze bringt ein innig empfundenes Gegenthema freundlichere Farbentöne in das düstere Bild. Im zweiten Satze, einem reizenden Allegro con grazia, das mit bemerkenswerther Ungezwungenheit auf dem schwankenden Boden des Fünfvierteltaktes umhertänzelt, hat liebenswürdige Schelmerei das Wort. Das Scherzo beginnt mit flimmernden Triolenmotiven, in die sich bald verstohlen der eigensinnige Rhythmus eines Marsch-themas mischt:

Der Marsch gewinnt allmählich die Oberhand, wenn er am Schlusse im ff als Sieger einherschreitet, ist er etwas rücksichtslos und gebieterisch, wie Sieger nun einmal zu sein pflegen. Der Gedanke, mit einem Adagio lamentoso ein symphonisches Werk abzuschliessen, ist kühn und dürfte vor Tschaikowsky nicht vielen Symphonikern gekommen sein.

Dieser Satz, der gleichsam das Verlöschen der Lebenskraft malt, wird trotz aller Gegenbeweise die Mythe wohl immer aufs Neue beleben, dass Tschaikowsky prophetisch die baldige Auflösung vorhergesehen und sich das Sterbelied gesungen habe.

Zu den Orchesterwerken Tschaikowskys wird man füglich auch die Serenade für Streichinstrumente (op. 48, C-dur) rechnen können. Das reizende Werk findet sich ständig auf dem Repertoire der Konzertanstalten. Der Meister weiss dem Streichorchester eine solche Klangfülle abzugewinnen, dass man der Abwesenheit der Blasinstrumente kaum gedenkt. In dem Stücke herrscht eine frohe Laune vor, zu der allerdings die tieftraurige Stimmung der schönen Elegie einen gewichtigen Gegensatz bildet. Nach einer markigen Einleitung, die im letzten Satze wiederkehrt und sich eine spasshafte Umwandlung in ein russisches

Tschaikowsky's Arbeits- und Schlafzimmer in Klin

Volkslied gefallen lassen muss, tritt ein originell rhythmisirtes Allegrothema auf. Der eigentlichen Hauptmelodie stellt sich ein zweiter Gedanke im Kostüme der Rokokozeit gegenüber, dem sein kleines Zöpfchen allerliebst steht. Der zierliche Walzer klingt wienerisch, als sei er nicht in der sarmatischen Ebene, sondern an den Ufern der blauen Donau zur Welt gekommen. Desto russischer ist die Physiognomie des letzten Satzes, den zwei Volkslieder einleiten. Das Finale, dem Tschaikowsky aus Eigenem ein wundervolles zweites Thema mitgegeben hat, ist eine wahre Fundgrube der künstlichsten kontrapunktischen Kombinationen.

II. Kammermusikwerke und Konzertstücke.

So Schönes wir der Feder Tschaikowskys auch auf dem Gebiete der Kammermusik verdanken, muss doch zugestanden werden, das er ein Grösserer ist, wenn er durch den Mund des Orchesters zu uns spricht. Mitten im Schaffen überkommt ihn die Sehnsucht nach den imposanteren Massen und den leuchtenderen Farben des Orchesters, alsdann empfindet er die enger gesteckten Grenzen des Kammermusikstyles drückend und strebt hinaus in die schrankenlose Weite. Aus dem Gesagten ist nicht zu folgern, dass ihm Sinn und Verständniss für das Wesen der Kammermusik gefehlt hätten, das zweite und dritte Quartett für Streichinstrumente bezeugen das Gegentheil genügend. Seine Meisterschaft im kontrapunktischen Gestalten und in kunstvoller Stimmführung wies ihn ja eigentlich direkt auf dieses Gebiet, wenn er trotzdem nicht heimisch daselbst wurde, so lag der Grund darin, dass eine Art von Heimweh ihn immer wieder zum Orchester hindrängte. Wir sahen bereits, dass sein erstes Kammermusikwerk, das Quartett in D-dur (op. 11) nicht einmal innerem Drange seine Entstehung verdankte, wie wir wissen, führten ihn Gründe äusserlicher Art zum ersten Male auf dieses Feld. Das Quartett imponirt nicht durch die Grösse und Tiefe der Gedanken, die Stimmen verbinden sich noch nicht zu dem zugleich kunstvollen und durchsichtigen Geflecht, wie es die Meisterhand eines Beethoven zu knüpfen pflegte, mit einem Worte, der Quartettstyl, dessen Gesetzgeber die deutschen Grossmeister der Tonkunst wurden, ist dem jungen russischen Tondichter noch nicht völlig in Fleisch und Blut übergegangen. Welch' eine blühende Phantasie, welch frischer Jugendmuth giebt sich aber in dem schönen Werke kund! Gewiss fehlt es in dem Jugendwerke nicht an gelegentlichen Anklängen an die Weise anderer Meister, im Scherzo winkt Schumann freundlich grüssend, doch das sind vorübergehende kurze Momente. Das eigenthümlich wiegende und schwebende Thema des ersten Satzes ist bereits ein echter Tschaikowsky und das entzückende kleine Andante cantabile, in dessen Mitte die Violine eine schwärmerische Weise zu einer eigensinnig festgehaltenen Pizzicatofigur des Violoncells singt, gehört ganz und gar nur ihm.

Das zweite Quartett (op. 22, F-dur) zeigt eine grössere Kunst und Subtilität der Stimmführung, doch lastet eine gedrückte Stimmung wie ein schwerer grauer Nebel über dem ersten Satze. Tschaikowsky giebt sich hier einmal ausnahmsweise als in sich gekehrten Grübler. Wohlthuend berührt nach diesem trüben Grau die Frische des originellen Scherzo. Dem sehr stimmungsvollen langsamen Satze fehlt es etwas an scharfgeprägten, in sich geschlossenen Themen. Das flotte, feurige Finale fesselt durch kontrapunktische Feinheiten aller Art.

Das bedeutendste der drei Quartette ist das dritte (op. 30 Es-moll), dem Andenken Laubs gewidmete. Hier erweist sich Tschaikowky völlig vertraut mit den Lebensbedingungen dieser Gattung, hier vermag er innerhalb der stets respektirten Grenzen des Kammermusikstyls eine Reihe fein ziselirter Sätze voller ernstempfundener, schöner Gedanken zu einem harmonischen Ganzen zu verbinden.

Ausser den drei Quartetten schenkte Tschaikowsky der Literatur für Streichinstrumente noch ein Sextett (Souvenir de Florence, op. 70). Der Gedankeninhalt dieses Stückes ist von ungleichem Werthe, sein Bestes giebt der Künstler im ersten Allegro. Die Themen sind zwar auch in diesem Satze nicht durchweg neu und eigenartig, sie gewinnen aber sehr durch die geistreiche Verarbeitung. Ungleich bedeutender erscheint uns Tschaikowsky in seinem einzigen Kammermusikwerk mit Klavier, dem grossen Trio (op. 50, A-moll).

Die Form weicht in vielen Punkten von dem Grundschema der Sonate ab. Der erste Satz, pezzo elegiaco, zeigt im Grossen die Umrisse einer riesenhaften Rondoform, in der ein ergreifender Klagegesang mit einem Allegrosatze wechselt. Der rührenden Trauer um den dahingeschiedenen Freund (Nicolai Rubinstein), dessen Andenken das Werk feiert, giebt Tschaikowsky wahrhaft zwingenden Ausdruck, man glaubt an seinen Schmerz und fühlt ihn mit. Der zweite Satz weist die Variationenform in theilweise sehr freier Behandlung auf, die letzte Variation zweigt sich als selbstständiger Schlusssatz davon ab und endet in der Todtenklage, welche das ganze Werk einleitete. Das Thema der Variationen ist eine jener schlichten Weisen, die ihren vollen Reiz erst nach öfterem Hören ganz entschleiern, sich unsere Liebe dann aber desto sicherer gewinnen. Als ob er den bewegten Lebenslauf seines unermüdlichen Freundes habe schildern wollen, lässt der Künstler eine Reihe der merkwürdigsten Gebilde in raschem Wechsel an uns vorüberziehen. Da tönt es wie die feinen Klänge der Spieldose, eine Walzermelodie, schmeichelnd und kosend, schwebt an unserem Ohre vorbei, dröhnend rauscht eine markige Fuge einher — jetzt singen über einem Orgelpunkte die Streichinstrumente ein rührendes Klagelied, von den Arpeggien des Klaviers geheimnissvoll umwogt, nun erklingen wieder die energischen Rhythmen einer feurigen, eleganten Mazurka! Man darf mit Recht die Buntscheckigkeit des Inhalts rügen, und doch, am letzten Ende möchte man nicht gern eines der originellen Stücke missen.

III. Concertstücke.

Tschaikowsky, der so namhafte Virtuosen zu seinen vertrautesten Freunden zählte, musste begreiflicher Weise auch der Konzertmusik seine Aufmerksamkeit schenken. Unter seinen Konzerten für Klavier und Orchester nimmt das erste (op. 23, B-moll) den höchsten Rang ein. Ohne gerade die Symphonie mit obligatem Klavier an die Stelle des alten Klavierkonzerts setzen zu wollen, degradirte Tschaikowsky das Orchester doch nirgend zum blossen Cirkuspferd, auf dessen Rücken der eigentliche Held des Abends seine kunstvollen Pas ausführt.

Die Vorspiele und Tuttisätze zeigen die Kunst des echten Symphonikers. Man denke nur der geistvollen Neuschöpfungen in der Durchführung aus dem zweiten, echt Tschaikowsky-  schen Hauptgedanken des ersten Satzes.

Wollten wir eine Ausstellung machen, so wäre es nur die, dass sich in der Behandlung der Klaviertechnik eine gewisse Einseitigkeit geltend macht. Die Doppelgriffe und lange Reihen wuchtiger Oktavengänge lassen die eigentliche Klavierpassage, die schimmernden Perlenketten, die Chopin so zierlich um seine Melodien schlang, nicht recht aufkommen. Die sinnige Weise des zweiten Satzes (Andantino semplice) nimmt sofort für sich ein. Es ist ein reizendes Sätzchen voller Poesie und Anmuth, das nur etwas zu bald einem Allegro vivace Platz macht, das sich allmählich als ein schneller Walzer von nicht sonderlich vornehmer Abkunft demaskirt. Eine Wiederholung des Andantino macht den Beschluss. Im Verlaufe des Satzes treibt eine Folge sonderbarer Harmonien, deren logischer Zusammenhang schwer einzusehen ist, einige Male ihr Unwesen. Der slavische Grundcharakter, der mit geringen Unterbrechungen in dem ganzen

Stücke vorherrscht, gelangt im Finale wohl am deutlichsten zur Aussprache. Eine gewisse Einförmigkeit der Rhythmen wird sich durch wechselnde Vortragsnüancen zum grossen Theil beseitigen oder mildern lassen. Alles in Allem genommen muss man das Werk als eine wirkliche Bereicherung der Konzertliteratur freudig begrüssen. Das zweite Klavierkonzert (op. 44, G-dur) widmete Tschaikowsky Nicolai Rubinstein, dem ursprünglich das B-mollkonzert zugedacht war. Ein Vergleich mit dem ersten Werke dieser Gattung wird zu Ungunsten des zweiten ausfallen. Wir erkennen die charakteristischen Züge der musikalischen Handschrift Tschaikowskys auch in dieser Schöpfung deutlich wieder — es ist nur nichts sehr Wichtiges, das er zu schreiben hat. Neu ist die anhaltende Verwendung der Violine und des Violoncells als Soloinstrumente im Andante auf Kosten des bis dahin alleinherrschenden Klaviers. Als op. 76 (posthume) ist ein einsätziges Konzert in Es-dur für Klavier veröffentlicht worden. Es ist nur ein Fragment, dessen Ergänzung vielleicht in dem Andante (B-dur) und Finale (Es-dur) op. 79 zu suchen wäre. Einzelne schöne Züge verrathen Tschaikowsky als Urheber des Werkes, das indessen kaum geeignet ist, seinem Ruhmeskranz ein neues Blatt hinzuzufügen. Als ein Stück voller origineller Gedanken und reizender Klangwirkungen muss die Fantaisie de Concert (op. 56, G-dur) bezeichnet werden. Fesselt das Quasi Rondo sofort durch sein allerliebstes volksthümliches Hauptthema, so imponirt im zweiten Satze (Contrastes) die Meisterschaft, mit der die beiden, so gegensätzlichen Themen schliesslich mit einander verbunden werden. Das, Sophie Menter gewidmete, sehr brillante Stück bietet dem Pianisten äusserst dankbare Aufgaben.

Siloti und Tschaikowsky.
Original im Besitze des musikhistorischen Museums des Herrn Fr. Nic. Manskopf in Frankfurt a. M.

Die Violinliteratur bedachte Tschaikowsky mit einem Konzert (op. 35, D-dur), welches indessen nicht zu seinen besten Werken gezählt werden kann. Der Violinpart strotzt von Schwierigkeiten, die für den Virtuosen einen grössern Reiz haben, als für den Hörer. Dass Tschaikowsky, wenn er wollte, einen sehr praktikabeln und doch wirkungsvollen Violinsatz schreiben konnte, hat er in der ungemein stimmungsvollen Sérenade mélancolique (op. 26, B-moll) und dem eleganten Valse-Scherzo (op. 34) bewiesen. Die Serenade ist ein ganz besonders glücklicher Wurf, der Walzer steht an musikalischem Werth etwas tiefer. Die Themen streifen bisweilen an das Triviale, wenn auch die pikante Orchesterbegleitung ihr Möglichstes thut, darüber hinwegzutäuschen. Man wird sich das flotte Stück, das nicht ohne humoristische Einfälle ist, gern einmal anhören. Wer wollte sich auch im Ernste von einem Konzertwalzer Tiefsinn predigen lassen! Dem feineren Salongenre gehören die drei Stücke für Violine und Klavier (op. 42) an.

Die Literatur für das Violoncell verdankt Tschaikowsky nur zwei Gaben, das Pezzo capriccioso (op. 62) und die Variationen über ein Rokokothema (op. 33), in welchen der Solist, von einer reizvollen, durchsichtigen Orchesterbegleitung gestützt, alle Künste seines Bogens glänzen lassen kann.

IV. Klavierkompositionen.

Tschaikowsky begann seine Laufbahn vor der Oeffentlichkeit als Klavierkomponist. Von seinen zehn ersten gedruckten Werken sind acht für das Pianoforte bestimmt. Auch später verschmähte er es nicht, gleichsam zur Erholung von gewichtigern Aufgaben grössere und kleinere Klavierstücke zu schaffen. Er arbeitete mühelos und schnell, das mochte ihn verleiten, gleich anderen ähnlich veranlagten Naturen, im Gefühle des Reichthums nicht jede Gabe ängstlich zu berechnen.

So finden wir denn unsern Meister, sozusagen nach gethaner Arbeit, nicht selten als geistreichen Causeur im Salon. Wohl wissend, wo er sich befindet, hütet er sich, an die Räthsel des Daseins zu rühren, er weiss, dass Ausbrüche der Leidenschaft, ja selbst die Töne tiefer, warmer Empfindung unschicklich sind inmitten der bunten, geputzten Gesellschaft, unter die er sich zu Zeiten nicht ungern mischt. Wir wollen nicht Allem lauschen, was er der glänzenden Versammlung mittheilt. Sind wir auch sicher, dass er als ein Mann von Geist nichts Abgeschmacktes sagen wird, so dürfen wir doch nicht hoffen, in dieser Umgebung tiefere Blicke in sein Inneres zu thun. Ich will mich darauf beschränken, diejenigen seiner Klavierstücke hervorzuheben, die einem wirklichem innern Drange ihr Dasein verdanken. Mit seinem op. 1 „Scherzo à la russe" giebt Tschaikowsky gleichsam seine Visitenkarte als russischer Komponist ab. Als Hauptgedanke dient ein kleinrussisches Volkslied, auch das Trio ist ganz im Tone der Volksmusik gehalten. Die bewusste, fast ängstliche Anlehnung an die Weise des Volkes lässt den Einfluss Chopins, Schumanns und Anton Rubinsteins, dem Tschaikowsky auf dem Gebiete der Klavierkomposition anfänglich unterworfen war, hier nicht so deutlich werden. Auch die zweite Nummer dieses Heftes, ein Stück voller Sturm und Drang mit einem originellen, auf einem Orgelpunkt ruhenden Mittelsatze verdient Beachtung. Zu den wirkungsvollsten Kompositionen dieser frühesten Periode Tschaikowskys zählt die temperamentvolle F-moll-Romanze, in der ein eigensinniger „Basso ostinato" auffällt und das Ges-dur-Capriccio (op. 8). Sechs, theilweise sehr feine Stücke bietet Tschaikowsky in seinem op. 19 dar, die höchst eigenartigen Variationen (Laroche gewidmet) stehen in der Reihe seiner Klavierkompositionen oben an. In seinem 21. Werke führt der Künstler mit bestem Gelingen das eigenthümliche Experiment aus, ein und dieselbe Notenfolge in sechs grundverschiedenen Stücken als Thema zu benützen, er bildet ein köstliches kleines Präludium, eine tiefernste, in sich gekehrte Fuge, einen Trauermarsch und einige leichter wiegende Genrestücke aus dem spärlichen Material. Seit dem Entschlafen Beethovens, des titanischen Baumeisters, der mit gewaltiger Hand seine himmelwärts ragenden Burgen über der Stätte aufthürmte, wo, zarten Blüthen gleich, die Sonaten Haydn's und

Mozarts zuerst entsprosst waren, haben die Versuche der nachgeborenen Meister, sich auf dieser luftigen Höhe anzubauen, fortgedauert. Nicht immer wurde es ihnen wohl dort oben, bald schlugen sie wieder den Pfad ein, der abwärts führte in die Thäler. Auch Tschaikowsky drängte es, sich in der Schöpfung einer Klaviersonate zu versuchen. Dass er dieses Gebiet nur ein einziges Mal betrat, sollte es nicht ein Zeichen sein, dass auch er sich nicht völlig berufen fühlte, dem aussterbenden Geschlechte ein neues Leben einzuhauchen? Seine Sonate (op. 39, G-dur) birgt zweifellos einen Schatz guter Musik, am unmittelbarsten in der Wirkung ist der Schlusssatz.

Nicolai Rubinstein spielte die Sonate gern in seinen Konzerten und wusste damit hinzureissen, doch auch sein genialer Vortrag vermochte die Schwächen des Stückes nicht ganz zu verdecken. Es ist eine gewisse Sprödigkeit, ein Mangel an Einheitlichkeit darin, der den reinen Genuss beeinträchtigt, die moderne Klaviervirtuosität und die Sonatenform der Alten leben nicht allzeit in Frieden neben einander, die Machtfrage wird gar oft zu Ungunsten der Sonatenform gelöst. Auch das Orchester streckt zuweilen seine Hand verlangend nach dem umstrittenen Gebiet aus, man glaubt seine Massen von Weitem anrücken zu sehen, drohend das zartere Gebilde zu erdrücken.

Auf ganz anderen Wegen treffen wir Tschaikowsky in den nächsten beiden Klavierwerken, den „Jahreszeiten" (op. 37b) und dem „Jugendalbum à la Schumann" (op. 39). Diese allerliebsten Stücke sind für grosse und kleine Leute eine gleich werthvolle Gabe. Unter den 12 Nummern der „Jahreszeiten" verdient die reizende Barcarole den Vorrang, auch die „Troikafahrt" mit ihrem munteren Schellengeklingel, das „Lied der Lerche", „Am Kamin" mit dem spukhaften Mittelsatze sind schöne, fein gearbeitete kleine Kabinetsstückchen.

Im Jugendalbum finden wir 24 reizende Nippessächelchen, höchst ergötzlich ist der harmonikaspielende russische Bauer, der in naiver Unkenntniss der Theorien eines Helmholtz und Hauptmann sein Stücklein auf dem Dominantseptakkord beschliesst.

V. Die Lieder.

Ein Komponist, dem gleich Tschaikowsky gegeben ist, alle die geheimen Schätze, welche im tiefen Schachte seines Innern ruhen, in Ton und Rhythmus zu verwandeln, wird wie Wenige berufen sein, die uralten, ewig jungen Weisen von Lenz und Liebe zu singen. Es war in Wirklichkeit ein liederreicher Mund, der sich nun auf immer geschlossen hat. Ist der Künstler oft gross und imponirend, wenn er den Tonfluthen des Orchesters gebietet, so erscheint er uns liebenswerth und innig vertraut, wenn er im schlichten Liede austönen lässt, was ihm das Herz bewegt. Der lyrische Zug, der so tief in seinem Wesen begründet war, gelangte vielleicht gerade in seinen Gesängen am reinsten und schönsten zur Aussprache. Die Auffassung der grossen deutschen Liedermeister von der Aufgabe und den letzten Zielen dieser Kunstform war im Grunde auch die seine. Er suchte den Rahmen nicht zu sprengen und strebte als echter Kenner und

Freund der Menschenstimme nach wahrer, schöner Gesangsmelodie, unbeschadet der Treue gegen die Worte des Dichters. Sind seine Lieder neu und originell, so sind sie es mehr durch die Eigenart seiner Tonsprache, als durch ungewöhnliche Formgebung.

Seine Texte entnahm er gern den Dichtungen seiner Landsleute, nicht selten griff er zu russischen Uebersetzungen von Versen Göthes und anderer deutscher Dichter. Tschaikowsky liebt es, seine Lieder durch längere Vorspiele einzuleiten und sie wiederum in einem Nachspiele des Klaviers allmählich ausklingen zu lassen, als könne er sich nicht genug thun in musikalischer Stimmungsmalerei. Die Begleitungen schmiegen sich der Melodie innig an und bilden mit ihr ein Ganzes, in welchem das Klavier bald durch eine charakteristische Figur die Situation schärfer zeichnet, bald hervorstechende melodische Züge des Gesanges nachahmt. Fast immer ist die Behandlung der Klavierpartie mustergiltig, selbstständige, unberechtigte Virtuoseneffekte sind eben so ängstlich vermieden, als nichtssagende, rein harmonische Füllung. So unwahrscheinlich es bei Tschaikowsky, dem Komponisten so vieler brillanter Klaviermusik erscheinen mag — wenn er einmal von der rechten Bahn nach einer der beiden Richtungen abirrt, so thut er es häufiger nach der Seite der letzten!

Tschaikowsky verleugnet sein Slaventhum auch in den Liedern keineswegs, doch klingt die Art und Weise des russischen Volksliedes darin weit seltener so deutlich an, als in seiner Instrumentalmusik. Eine der wenigen Ausnahmen bildet „Die Lockung" (op. 60, No. 10.), ein entzückendes, schelmisches Neckliedchen, das sich längst auf dem Repertoire unserer Sängerinnen befinden sollte.

Das erste Liederheft des Künstlers (op. 6) enthält sechs Gesänge, die sämmtlich alle Vorzüge seiner Muse im hellsten Lichte zeigen. Die Vox populi hat sich bis jetzt für die letzte Nummer „Nur wer die Sehnsucht kennt" entschieden und ihr eine Verbreitung verschafft, deren auch die übrigen Lieder der Sammlung nicht unwürdig wären. Eine der herrlichsten Liederkompositionen Tschaikowskys finden wir als No. 2 (Oh verzieh'!) in seinem op. 16. Das Lied ist durch seinen Modulationsgang höchst merkwürdig, in seinem Mittelsatze (Ges-dur) enthält es eine berückende Schilderung der Geheimnisse einer Nacht, in der man nur „das Geflüster der Birken und das Klopfen des Herzens" vernimmt.

Wahre Perlen musikalischer Lyrik birgt op. 28. Die Krone des Ganzen mag wohl die sechste Nummer (Der schreckliche Augenblick) bilden, sehr werthvoll ist aber auch das erste Lied (Nein, niemals nenn' ich Euch) mit seiner seltsamen Mischung von Sehnsucht, Leidenschaft und Trotz, sowie das zweite (Die Korallenschnur), in dem die Laute tiefer Trauer durch eine packende und doch decent gehaltene Darstellung der Schlacht unterbrochen werden. Ein Meisterstück, wie es auch dem Besten nicht immer glückt, ist das Ständchen des Don Juan (op. 38, No. I). Wie wundervoll ist der schöne, verwegene Verführer gezeichnet, der die Herzen der Frauen und die Klingen der Männer gleich leicht überwand!

Es würde zu weit führen, wollte man von Tschaikowskys Liedern, deren er mehr als 80 geschrieben hat, alle diejenigen einzeln namhaft machen, die auf Beachtung Anspruch haben, fast ein jedes Heft enthält einige Nummern von hohem Reize!

Eine besondere Stellung nehmen die Gesänge nach französischen Dichtungen (op. 65) ein, in welchen Tschaikowsky den Ton des französischen Liedes, wie wir ihn durch Massenet, Bizet und Andere kennen, sehr glücklich und offenbar in bewusster Absicht nachahmt.

Ausser den Liedern für eine Singstimme schenkte Tschaikowsky der Gesangliteratur noch 6 Duette (op. 46). Das bekannteste Stück dieses Heftes ist das letzte „Morgenroth", in welchem das längere Zusammengehen beider Stimmen in Oktaven von so überraschender Wirkung ist.

VI. Bühnenwerke.

Wir wissen bereits, dass ein schier unwiderstehlicher Drang unsern Künstler immer wieder der dramatischen Musik entgegenführte, dass Misserfolge und Erfahrungen trübster Art ihn nicht abschreckten, den gefährlichen und trügerischen Boden der Opernkomposition aufs Neue zu betreten. Es ist nicht leicht, die sehr nahe liegende Frage, ob sich in dem hervorragenden Symphoniker alle jene Eigenschaften vereinigten, die dem Opernkomponisten unerlässlich sind, entschieden zu bejahen, und doch darf man sie gleichwohl nicht unbedingt verneinen. Glühende Leidenschaft, reiche unerschöpfliche Erfindungskraft, vollendete Herrschaft über die Ausdrucksmittel seiner Kunst, alles das ist ihm gewiss nicht abzusprechen, trotzdem vermissen wir in den meisten seiner Opernwerke die treffsichere Hand des echten Dramatikers, der uns mit siegender Gewalt von Anbeginn in den Kreis seines Empfindens bannt und zum Glauben an die innere Wahrheit des Dargestellten zwingt. Und doch sind die Bühnenwerke Tschaikowskys nicht arm an einzelnen Szenen und Episoden, in denen das Walten einer wirklichen dramatischen Kraft zu spüren ist. Woher doch dieses scheinbare oder thatsächliche Versagen derselben Kraft, nicht selten in den entscheidendsten Momenten? Des Räthsels Lösung ist nicht leicht, vielleicht kommt man der Wahrheit näher, indem man die Gründe für die häufig bemerkbare Unzulänglichkeit der dramatischen Wirkung nicht ausschliesslich in der etwa mangelnden Naturanlage des Künstlers sucht. Wir sahen des Oefteren, dass Tschaikowsky keine Kraftnatur in der Art eines Beethoven oder Wagner war, die trotzige, streitbare Energie des kühnen Pfadfinders, der über alle Hindernisse hinweg dem erwählten Ziele entgegenschreitet, nur seinem Willen und der eigenen Ueberzeugung folgend, sie lag nicht in seinem Wesen. Selbst auf dem Gebiete der Instrumentalmusik, das doch seine musikalische Heimath war, ist er Schwankungen ausgesetzt, indem er bald der Programmmusik Konzessionen macht, bald wieder die Formen der absoluten Musik pflegt. Auf diesem Felde war eine Art von Unentschlossenheit nicht von so grosser Gefahr für sein Schaffen, ja vielleicht entsprangen diese gelegentlichen Abweichungen von der gewohnten Bahn nicht einmal dem Gefühle einer Unsicherheit. Seinem weiten Blicke erschloss sich das Wesen der verschiedenartigsten Erscheinungen des musikalischen Lebens, er war tolerant gegen Andersdenkende und versucht wohl bisweilen, wie es sich auf ihren Wegen wandelt. Nicht Eigensinn oder vorgefasste Meinung führte ihn immer wieder zur absoluten Musik zurück, sondern das vielleicht dunkle, aber doch sichere Gefühl, dass auf diesem Boden seine musikalischen Bauwerke am festesten gegründet waren. Nicht ebenso glücklich leitet ihn die innere Stimme in seinen Schöpfungen für die Bühne. Er vermochte sich hier nicht völlig frei zu machen von sehr verschieden gearteten Einflüssen, die um die Oberhand in ihm rangen.

Die fast abgöttische Verehrung, die er für den Schöpfer des Don Juan hegte, ist wiederholt erwähnt worden, wir wissen auch, dass er durch Piccioli einst ein glühender Parteigänger der Italiener wurde. In die Zeit seiner Jünglingsjahre fällt das Aufblühen der streng nationalen Oper, die durch Glinka begründet, von Dargomyschsky und Sseroff mit besonderem Gelingen weitergeführt wurde. Diese Richtung, welche höchste Wahrheit des Ausdrucks und engsten

Kaiserliches Theater in Petersburg.

Anschluss an die russische Volksmusik in fast rücksichtsloser Weise als Hauptforderungen aufstellt, konnte den jugendlichen Künstler nicht unbeeinflusst lassen. Unterdessen war immer leuchtender ein neues Gestirn aufgegangen, das die kleineren Himmelskörper zwang, als Trabanten seiner Bahn zu folgen — Richard Wagner hatte die Oper zum musikalischen Drama umgestaltet! So mag es denn zu erklären sein, dass Tschaikowsky im Strudel der widerstrebendsten Strömungen seinem Schifflein keinen festen Kurs zu geben vermochte. Bald steuert er im Fahrwasser der nationalen Musik, bald zieht es ihn magisch dorthin, wo stolz das siegreiche Banner Wagners weht, dann regt sich wieder in ihm ein sehnsüchtiges Verlangen nach den lauen Lüften Italiens. Tschaikowsky war kein unbedingter Anhänger der Theorien des Bayreuther Meisters, seine Aeusserungen über ihn entbehren oftmals nicht der Schärfe, doch mangelt es auch nicht an enthusiastischem Ausdrucke der Bewunderung seines Genius. Die russischen Opernkomponisten haben theils den neuen Kunstgesetzen

Wagners freudig zugestimmt, wie Sseroff, wenigstens in einer bestimmten Epoche seines Wirkens, theils, wie Anton Rubinstein, dieselben schroff abgelehnt, von der Eigenthümlichkeit seiner Melodiebildung und Harmonisation haben sie insgesammt wenig angenommen. Auch in den Opern Tschaikowskys entdecken wir keine Nachahmung blosser Aeusserlichkeiten des Wagnerschen Styls. Der Einfluss Wagners giebt sich bei ihm in der reichen Ausgestaltung des Orchesters kund, das wie bei dem deutschen Meister zu Zeiten zu einem Hauptträger der Handlung wird, ferner in der Anwendung von Leitmotiven. Diese führenden Motive kommen bei Tschaikowsky keineswegs in allen seiner Bühnenwerke zu gleicher Geltung, am ausgesprochensten treten sie wohl in der Pique Dame und im Wakúla auf, während seine letzte Oper Jolanthe nur flüchtige Spuren davon aufweist. Es scheint fast, als hätte ihn keine rechte innere Ueberzeugung zur Verwendung der Leitmotive veranlasst. Abgesehen davon, dass sie nur selten eine ähnlich scharfe Prägung zeigen, wie bei Wagner, sind sie auch in weit geringerem Maasse weiterentwickelt und umgeformt. Es gelingt Tschaikowsky nicht, sie zu jenem kunstvollen, unlöslichen Gewebe zu verflechten, das Wagners Kunst so wundervoll zu wirken wusste. Die Einführung der Leitmotive ist bei ihm mehr ein äusserliches Verfahren, sie erscheinen bisweilen wie Fremdkörper im Organismus des Ganzen.

Auf Wagners Vorbild ist es zurückzuführen, wenn Tschaikowsky mit Rücksicht auf den Fortgang der Handlung die lyrischen Momente nicht immer zu fest geschlossenen Musikstücken rundet, doch verfährt er auch hierin durchaus nicht konsequent. Wenn im „Onégin" Tatjana nach vieljähriger Trennung den einstigen Geliebten auf dem Balle wiedersieht und die Spannung ihren Höhepunkt erreichen sollte, bringt es Tschaikowsky über das Herz, den Fürsten Gremin eine ebenso lange wie überflüssige, regelrechte Arie singen zu lassen.

Mit den Italienern hat Tschaikowsky die Neigung zur breiten Kantilene gemein. Der breite Strom der Melodie findet sich manchmal in befremdlicher Nähe eines kurzathmigen, stark begleiteten Sprechgesanges, der auf ganz andere Muster hindeutet. An ältere italienische Art erinnern in einigen seiner Opernduette mitunter die unbegleiteten Schlüsse, welche in Terzen und Sexten einherschreiten und auf einer Fermate gipfeln.

Dass auch das specifisch russische Element zu breitester Raumentfaltung gelangt, ist eigentlich selbstverständlich, die Handlung fast aller seiner Opern spielt sich auf dem heimathlichen Boden ab, nur die Jungfrau von Orléans und die Jolanthe bilden Ausnahmen der Regel. Wie aus allem bisher Gesagten schon vermuthet werden kann, glückt es Tschaikowsky nicht immer, seine Gestalten in sichern, scharfen Umrissen zu zeichnen. Seine musikalischen männlichen Portraits leiden besonders unter einer Verschwommenheit der Linien, selbst die reckenhaften Gestalten eines Maseppa und Wakúla lassen die kräftigen Pinselstriche vielfach vermissen, die hier zur Wahrheit der Schilderung unerlässlich wären. Weit glücklicher ist Tschaikowsky in der Darstellung seiner Frauentypen; die Tatjana im Onégin ist eines der lebensvollsten Gebilde seiner Kunst!

Sollte nun das Endergebniss der Zweifel, die uns bei der Betrachtung der dramatischen Kompositionsweise Tschaikowskys kommen, die Ueberzeugung sein, dass sein Schaffen auf diesem Gebiete ein einziger grosser Irrthum gewesen sei? Es steht fest, dass einige seiner Opern auch in seiner russischen Heimath bis jetzt noch nicht recht Wurzel fassen konnten, dass nur wenige sich bei uns eingebürgert haben.

Ein Künstler von der Grösse Tschaikowskys will mit anderem Maassstab gemessen werden, als die Dii minorum gentium, haben wir darum die Mängel seiner Bühnenschöpfungen einer schärferen Beleuchtung ausgesetzt, so soll uns das doch nicht blind machen für die hohen Vorzüge, die auch diese Werke auszeichnen. Wo er sich die Aufgabe stellte, einen dem eigenen Wesen verwandten Stoff in seinen Tönen zu verherrlichen, sobald er seinem lyrischen Empfinden die Zügel schiessen lassen konnte, war er fast immer wieder Sieger und Herr der Situation. Einem solchen glücklichen Griffe verdanken wir den Onégin, sein schönstes und reifstes Meisterwerk, das langsam zwar, aber stetig und sicher die Zahl seiner Bewunderer auch ausserhalb der Heimath vergrössert.

Die erste vollständig erhaltene Oper des Künstlers ist der Opritschnik. Die „Opritschniki" waren die Leibhüter Iwans des Schrecklichen, die allzeit willfährigen Werkzeuge seiner grausamen Launen. Die Liebe und das tragische Ende eines unglücklichen Paares inmitten dieser düstern Umgebung bilden den Stoff einer spannenden Handlung. Tschaikowsky liebte dieses Kind seiner Muse nicht sonderlich; wie mir scheint, that er ihm Unrecht damit. Wenn der erste Akt an Trefflichem nichts weiter böte als den reizenden Mädchenchor und das hinreissend schöne, schwermüthige erste Lied der Natascha, so wäre man schon belohnt, es liesse sich aber leicht eine ganze Reihe von zündenden Musikstücken aus dieser Oper aufzählen. Das Werk, in welchem sich das dramatische Talent Tschaikowskys vielfach in glänzender Weise äussert, hat sich bis heute auf dem Spielplane der russischen Bühnen erhalten. Der nächsten, preisgekrönten Oper „Wakúla der Schmied" ging es wie es preisgekrönten Werken in der Regel zu gehen pflegt, die Meinung des Publikums stimmte mit dem Spruche der Preisrichter nicht recht überein. Tschaikowsky brachte später eine neue Bearbeitung des Stückes unter dem Titel „Tscherewitschki" (Die Stiefelchen) oder „Les caprices d'Oxane" auf die Bühne, doch stellte sich der gehoffte bleibende Erfolg auch jetzt nicht ein.

Ob „Volkes Stimme" immer „Gottes Stimme" sei, ist wohl einem Jeden unter uns zu Zeiten recht zweifelhaft gewesen, auch im vorliegenden Falle möchte ich befürchten, dass der Unempfänglichkeit der Masse ein Werk zum Opfer gefallen ist, das ein besseres Schicksal verdient hätte. Der Textdichtung kann schwerlich die Schuld an der geringen Wirkung der Oper im Publikum zugeschrieben werden. Die „Nacht vor Weihnachten", eine Erzählung Gogols, welcher der Librettist auf Schritt und Tritt nachgeht und die er nur hin und wieder durch einige neue Episoden bereichert, lebt in der Erinnerung eines jeden Russen. Phantastische und derbkomische Elemente drängen sich aufeinander und schaffen Situationen, welche dem Musiker reichliche Gelegenheit zur vollen Entfaltung seiner Kunst darbieten. Tschaikowsky hat mit fester Hand zugegriffen und eine Musik geschaffen, die eine seltene Einheitlichkeit und Geschlossenheit des Styls zeigt. Es ist wahr, der riesenstarke Schmied, der furchtlos mit dem Teufel selbst anbindet, singt zuweilen in schmachtenden Tönen, die dem russgeschwärzten Herkules des ukrainischen Dörfchens übel zu Gesicht stehen; es mag sein, dass die drastische Komik schlagenderen musikalischen

Ausdruck hätte finden sollen, doch was wollen im Grunde diese wenigen Ausstellungen bedeuten gegenüber einer Musik, die im Uebrigen wie aus einem Stücke geformt ist, in welcher ein origineller Einfall den andern ablöst und das Lokalkolorit von den ersten Tönen bis zum letzten Fallen des Vorhanges mit merkwürdiger Treue festgehalten ist! Entgegen seiner spätern Gepflogenheit eröffnet Tschaikowsky das Werk mit einer ausgeführten, höchst charakteristischen Ouvertüre, zu welcher einige, in der Folge wiederholt benützte Leitmotive den Stoff liefern. Die Leitmotive spielen vielleicht in keiner seiner andern Opern eine gleich hervorragende und bedeutungsvolle Rolle. Im ersten Akte findet sich eine prachtvolle musikalische Schilderung des Schneesturms, inmitten dessen Tschub und Panass tappend den Weg zur Schenke suchen. Die beiden Nationaltänze im letzten Akte sind in hohem Grade originell und würden auch im Konzertsaale als wirkungsvolle Zwischennummern freudig begrüsst werden. Es wäre nicht undenkbar, dass sogar die ganze Oper, welche auch zur Entfaltung dekorativer Kunst Gelegenheit bietet, trotz der Fremdartigkeit von Dichtung und Musik sich die Gunst des deutschen Publikums erringen könnte.

Eigenthümlicher Weise gab Tschaikowsky der erfolgreichsten seiner Opern garnicht diesen Namen, sein „Eugen Onégin" trägt die Bezeichnung: Lyrische Szenen. Seit Langem hatte der Künstler sich mit dem Plane getragen, der Dichtung des genialen Puschkin den Stoff zu einer Oper zu entnehmen. Die Hindernisse für die Ausführung der Idee lagen in dem gross angelegten Dichterwerke selber, das sich nicht, wie es ging und stand, zu einem „Textbuche" umwandeln lassen wollte. Tschaikowsky erwählte sich endlich daraus eine Reihe lose verknüpfter Szenen, gerade so viele als nöthig waren, den Gang der Handlung wenigstens in flüchtigen Strichen zu skizziren. Bei seinen mit Puschkins Dichtung von Jugend an vertrauten russischen Landsleuten konnte er trotz der Lückenhaftigkeit der Bearbeitung auf volles Verständniss rechnen und für weitere Kreise hatte er sein Werk ursprünglich garnicht bestimmt. Er hatte es geschrieben, um sich einen längst gehegten Herzenswunsch zu erfüllen.

Die Fabel des Stückes sei in aller Kürze hier mitgetheilt. Lenski, eine freudige Dichternatur, führt Onégin seinen jugendlichen, aber bereits sehr blasirten Freund in das Haus der Gutsbesitzerin Làrina. Lenski ist mit einer der beiden Töchter, der muthwilligen Olga, so gut wie verlobt, die schwärmerische Tatjana verliert bei der ersten Begegnung ihr Herz an Onégin. Im Taumel der jäh erwachten Leidenschaft schreibt sie ihm nach langem Kampfe mit ihrem jungfräulichen Stolze in der Nacht das Geständniss ihrer Liebe. Andern Tages gesteht Onégin der Schamerglühenden, er liebe sie „wie ein Bruder und mehr wohl noch", die Fesseln der Ehe könne er aber nicht tragen. Bald danach versammeln sich die Nachbarn zum Tanze im Larinschen Hause. Lenski, durch Onégin zur Eifersucht gereizt, fordert ihn und fällt der Kugel des einstigen Freundes zum Opfer. Nach jahrelangem, ruhelosem Wandern in der Ferne kehrt Onégin heim. Auf einem Balle in Petersburg erkennt er in der blendend schönen Fürstin Grémina das ehedem verschmähte Landmädchen wieder. Nun flammt die Leidenschaft in ihm auf, er folgt Tatjana in das Haus ihres Gatten und beschwört sie, mit ihm zu fliehen. Tatjana kämpft schwer mit sich, doch endlich siegt die Treue des Weibes über die wiedererwachende Jugendliebe, vernichtet stürzt Onégin aus dem Zimmer.

Aufführung des „Eugen Onégin" am „Theater des Westens" in Berlin.

Nach einer für die illustrierte Zeitschrift „Bühne und Welt" gemachten Spezial-Aufnahme.

Beilage zu Knorr's Tschaikowsky-Biographie.

Tschaikowsky erscheint in dieser Oper als ein ganz Anderer, wie im Wakula, er lässt das echt nationale Element nur selten in den Vordergrund treten und verwendet die Leitmotive im Ganzen viel spärlicher. An Stelle einer ausgeführten Ouvertüre eröffnet ein kurzes, aus dem Tatjanamotive gebildetes Vorspiel das Werk. Aus dem ersten Aufzuge sei die reizende Anfangsszene hervorgehoben. Frau Làrina und Filíppowna, die alte Dienerin, sind im Garten mit dem Schälen von Aepfeln beschäftigt, in das Geschwätz der Alten tönt aus der geöffneten Thüre des Hauses der Gesang der Töchter, die ein wundervolles Duett im sentimentalen Style der Wertherzeit am Clavecin durchnehmen. Die ergötzliche Mischung von Poesie und Prosa, von empfindsamer Schwärmerei und Alltagsgeschäftigkeit ist meisterhaft in Tönen dargestellt.

Ihren Höhepunkt erreicht Tschaikowskys Musik in der Briefszene des zweiten Bildes. Tatjana sitzt einsam im Schlafzimmer, drückende Schwüle lagert in der Luft und lastet auf der Seele des liebeglühenden Mädchens. Hinreissend schön wird der Ausbruch der Leidenschaft bei dem endlich gefassten Entschlusse: Und wärs mein Untergang! Die Erregung wächst und steigert sich, wir erleben es mit, wie die träumerische Jungfrau über Nacht zum reifen, liebedürstenden Weibe wird. Dieser Hymnus der Liebe voller Schwung und edlem Feuer gehört zum Schönsten, was uns Tschaikowsky gesungen.

Im zweiten Aufzuge wiegen sich altfränkisch gekleidete Paare im Takte eines Walzers im Geschmacke unserer Grossmütter. Auf Verlangen der Gäste singt Monsieur Triquet, ein alter Franzose, welcher die Landessprache schwer misshandelt, sein zu Ehren Tatjanas gedichtetes Kouplet, ein ganz allerliebstes Rokokostückchen mit einem lächerlich empfindsamen Schlussrefrain. Ueberraschend originell ist eine Mazurka, in deren Verlauf die Auseinandersetzungen zwischen Lensky und Onégin immer erregter werden. Im folgenden Bilde finden wir eine Schilderung des Zweikampfes. Der heissblütige Enthusiast Lenski, eine Figur, die der Tondichter mit sichtbarer Liebe gezeichnet hat, wird uns hier sympathischer denn je.

Eine rauschende, aber nicht hervorragende Polonaise eröffnet die Ballszene im dritten Aufzuge, weit werthvoller ist die Musik des zierlichen Walzers, der zu der Unterredung Onégins und Tatjanas forttönt. „Es ist kein Zweifel mehr, ich liebe!" singt der schnell entflammte Onégin mit den Tönen der Briefarie Tatjanas im ersten Aufzuge. Die Musik, welche sich im ersten Bilde des letzten Aktes auf einem mittleren Niveau bewegte, erhebt sich in der Schlussszene der Oper, dem leidenschaftlichen Ringen zwischen Onégin und Tatjana, wieder zu bemerkenswerther Höhe.

Das Meisterwerk Tschaikowskys hat in Russland eine fast beispiellose Popularität errungen, dem Russen sind die Melodien der Oper so vertraut, wie uns die Weisen des „Freischütz". Auch in der Fremde hat der Onégin bereits Wurzel gefasst und friedliche Eroberungen gemacht, deren Gebiet sich stetig erweitert.

In der „Jungfrau von Orléans" erwählte sich Tschaikowsky zum ersten Male einen fremdländischen Stoff, ein Experiment, das er bei der „Jolanthe", seiner letzten Oper, wiederholte. In beiden Fällen scheint er sich in der ungewohnten Umgebung nicht ganz wohl zu fühlen. Er giebt sich nicht zwanglos, es ist, als fürchte er am unrechten Orte durch Russicismen Anstoss zu erregen, so wird denn seine Musik zahmer, farbloser und alltäglicher, als man es von dem

6*

kühnen Symphoniker erwarten sollte. Das Textbuch stimmt besonders in seiner ersten Hälfte mit Schillers Dichtung im grossen Ganzen überein, doch weist es eine Reihe nicht immer glücklicher opernhafter Zuthaten auf und lässt Johanna in den Flammen des Scheiterhaufens den Tod finden. Mit ihren pomphaften Massen und glänzenden Balletszenen nähert sich diese Bühnenschöpfung wie kaum eine andere Tschaikowskys schon in ihrem äussern Zuschnitte dem Typus der „grossen Oper".

Der Tondichter macht diese Seitenschwenkung mit, er legt seinen Personen zu oft recht ungelegener Zeit lange Arien in den Mund und dehnt konventionelle Ensemblesätze über Gebühr. Für die rein lyrischen Momente findet er wiederum treffenden musikalischen Ausdruck. Die Arie der Johanna: „Lebt wohl ihr Berge" ist ein gefühlvolles, schön geformtes Stück, das auch im Konzertsaale gern gehört wird. Die Liebesepisode Johannas und Lionels nimmt in der Oper einen breiteren Raum ein als in Schillers Drama, die Zwiegesänge der Liebenden sind schwungvoll und schön, hier erhebt sich die Musik zu einer bemerkenswerthen Höhe.

In seiner folgenden Oper „Maseppa" behandelt Tschaikowsky nochmals einen Stoff mit historischem Hintergrunde. Der Text ist dem Puschkinschen Gedicht „Poltawa" mit wörtlicher Benutzung ganzer Seiten nachgebildet. Es sind keine erfreulichen Szenen, denen wir beiwohnen, Hinrichtungen und Foltern, tödtliche Kämpfe, Ohnmachten und Wahnsinn lassen unsere Nerven aus der Erregung garnicht herauskommen in dem düstern, bluttriefenden Stücke. Wie konnte Tschaikowsky, der feinbesaitete, liebenswürdige Künstler sich in dieses Labyrinth von Todsünden verirren? Von dem grausigen Dunkel hebt sich leuchtend die Gestalt eines hingebenden, reinen Weibes ab, diese Figur mit der ganzen Kraft seiner Begabung in Tönen zu verkörpern, muss ihm als eine lohnende Aufgabe erschienen sein, so lohnend, dass er darüber der blutigen Gräuel nicht gedachte, deren Schilderung ihm nicht erspart bleiben konnte.

Maria, die Tochter Kotschubejs hat sich gegen der Eltern Willen dem alternden, ränkevollen Kosackenhetman Maseppa zu eigen gegeben, der sich in ehrgeizigen Träumen als Herrscher der Ukraine sieht. Seine Feinde, unter ihnen Kotschubej, bedroht er mit blutiger Vergeltung. Die ahnungslose Maria wird von der Mutter um Hilfe für den Gatten angefleht und zur Richtstätte geleitet. Als Maria hier das Haupt ihres Vaters fallen sieht, umnachtet sich ihr Geist. Die Schlacht bei Poltawa vernichtet die Hoffnungen Maseppas auf die Herrscherwürde, als heimathloser, geächteter Flüchtling trifft er Maria noch einmal an. Die Aermste singt an der Leiche ihres durch Maseppas Kugel gefallenen Jugendgespielen Andrej die rührende Weise eines Wiegenliedes und findet blumensuchend den Tod im nahen Flusse. Maseppas Charakterzeichnung entbehrt der Klarheit. Bald trägt er die hoheitsvollen Züge des zum Herrschen Auserkorenen, bald sucht er wie ein niedriger Geizhals seinem Schwiegervater das Geheimniss verborgener Schätze durch die Folter zu entreissen, jetzt ist er seinem jungen Weibe ein milder, liebender Gatte, dann erscheint er vom Cäsarenwahn gepackt, ehe noch die erträumte Krone sein Haupt ziert. Der Komponist vermochte die Widersprüche dieser Natur nicht zu lösen. Die Musik ist unvergleichlich charaktervoller, eigenartiger und kühner als in der vorhergehenden Oper, man merkt es, dass der Tondichter wieder heimathlichen Boden unter den Füssen fühlt. Die Leitmotive sind häufiger, wenngleich sie keine

Entwicklungsphasen aufweisen und mehr die „besondern Kennzeichen", als die jeweilige Seelenstimmung der Personen zum Ausdruck bringen. Den Löwenantheil trägt in dem Werke eigentlich nicht der Opernkomponist, sondern der Symphoniker davon, zwei ausgedehnte Orchesterstücke, das Vorspiel und die Schilderung der Schlacht von Poltawa, Kompositionen voller dramatischer Wucht und zündender Genialität zeigen Tschaikowsky wieder einmal als Orchesterkomponisten par excellence. Doch auch der vokale Theil ist reich an Schönheiten, der reizende, echt russische Mädchenchor im ⁵/₄ Takt, ein Duett zwischen Andrej und Maria, die Volkslieder und Tänze, der finstere, gewaltig anwachsende Rachegesang Kotschubejs und seiner Leute sind die Glanzpunkte des ersten Aktes. Im zweiten Akte fesselt die Szene Kotschubejs im Kerker, Maseppas Erscheinen auf der mondbeglänzten Terrasse und sein Zwiegesang mit Maria. Echtes dramatisches Leben zeigt Tschaikowskys Musik in der spannenden Szene zwischen Maria und der Mutter und bei der Schilderung der Katastrophe auf dem Richtplatz. Die rührende Gestalt der geistesverwirrten Maria, die am Schlusse inmitten all der Schrecknisse ihr kindliches Wiegenlied vor sich hinsingt, ist von dem Tondichter mit greifbarer Deutlichkeit gezeichnet. Ergreifend ist es, wenn ihr das Liedchen der Gespielinnen im ersten Akte von dem „Kränzlein, das zum Liebsten schwimmen soll" wieder auf die Lippen kommt und sie singend ihr zerstörtes Dasein in den Wellen endet.

Tscharodéjka (die Zauberin) ist der Titel der nächstfolgenden, leider wenig gekannten Oper Tschaikowskys. Auch dieses Buch ist reich an Schreckensszenen, vier der Hauptpersonen finden ein tragisches Ende. Nastja, ein schönes, liebenswürdiges Weib, die Besitzerin eines Wirthshauses am Ufer der Wolga, übt einen unwiderstehlichen Zauber auf Jung und Alt. Von dem Fürsten-Statthalter von Nowgorod und Jurij seinem Sohne geliebt, wird sie die unschuldige Ursache von Schreckensthaten aller Art, denen auch ihr junges Leben zum Opfer fällt.

Sie selbst spricht wiederholt von ihrem heitern Temperament, der Tondichter hat ihren Charakter zwar anders, aber dennoch einheitlich und überzeugend dargestellt. Er hat sie mit dem holden Zauber der Unschuld und Weiblichkeit umkleidet, gab ihren Zügen einen sinnenden Ausdruck, der sie noch liebenswerther erscheinen lässt.

Die Musik der Oper mag von der Bühne herab an Eindrucksfähigkeit verlieren, ein entscheidendes Urtheil darüber steht mir nicht zu, da ich sie nie im Theater hören konnte. Zu Gunsten der vollständigen Entwicklung der musikalischen Formen finden sich häufig Dehnungen und Wiederholungen, die das Interesse an den Vorgängen abschwächen, der nationale Ton ist nicht immer treu beibehalten und das Charakterbild der Fürstin, welche im Stücke die Rolle der rächenden Nemesis spielt, ist stellenweise stark verzeichnet. Diese und vielleicht noch andere erhebliche Mängel mögen einer weiteren Verbreitung des Werkes hinderlich gewesen sein, bei einer unbefangenen Prüfung der Komposition werden uns daneben viele, zum Theil sehr ungewöhnliche Vorzüge dieses Bühnenwerkes nicht entgehen können. Der erste Akt insbesondere ist ein Meisterwurf Tschaikowskys. Das ist ein so prächtiges, farbenreiches Bild des russischen Volkslebens, wie es nur ein genial Begabter entwerfen konnte.

Wie lebenswahr steht die Figur Paissiys, des frömmelnden Quasimönchs vor uns, der mit der Flasche in der Hand die Trunksucht als ein abscheuliches

Laster verdammt, wie köstlich ist Kitschiga, der Kraftmensch und Faustkämpfer, in Tönen gezeichnet!

Die harmlose Fröhlichkeit der Gäste, die Neckereien der Mädchen, der plötzlich ausbrechende Streit der Spieler und endlich die schwärmerische Liebe Nastjas für ihr „Mütterchen Wolga" und das weite grünende Land umher, alles das findet den glücklichsten, treffendsten Ausdruck in dieser Musik.

In der „Pique Dame" erwählt sich Tschaikowsky zum dritten Male einen Stoff aus den Werken Puschkins. Die gleichnamige Novelle des Dichters wurde von Modest, dem Bruder Tschaikowskys, für die Bühne bearbeitet und durch eine Reihe von neu hinzuerfundenen Szenen bereichert. Hermann, ein armer Offizier, wird von einer krankhaften Sucht nach Reichthümern gemartert. Er hört, dass eine alte Gräfin, deren Nichte er liebt, das Geheimniss von den drei Glückskarten kenne, das sie nicht offenbaren darf, ohne ihr Leben zu ver- lieren. Hermann betritt Nachts ihr Schlafgemach, die entsetzte Alte stirbt, ohne etwas verrathen zu haben. In einer Sturmnacht erscheint ihr Geist dem grübelnden Hermann und verkündet ihm die Karten. Am Spieltische gewinnt er durch die ersten beiden ein Vermögen. Beim dritten Einsatze verwandelt sich das Coeur Ass vor seinen Augen in die Pique Dame und das Gespenst steht hohnlächelnd vor ihm. Im Wahnsinn nimmt er sich das Leben.

Dieser Stoff ist sicher nicht anziehend und bietet der Musik, der Kunst, in der man nicht „falsch spielen" darf, keine rechte Handhabe.

Der Bearbeiter hat das offenbar deutlich empfunden und durch einge- schobene Episoden dem Tondichter reichlichere Gelegenheit zur Entfaltung seiner Kunst zu schaffen verstanden.

Er konnte die Person des Helden, eines geisteskranken Spielers, indessen nicht sympathischer gestalten, ohne den Inhalt des Stückes gänzlich zu verändern. Auch in dieser Oper sind Leitmotive verwendet, das meistgebrauchte unter ihnen ist das „Kartenmotiv".

Das erste Bild bringt neben feinen, anmuthigen Genrebildchen und der sehr wirkungsvollen Ballade Tomskys von der Gräfin „Pique-Dame" und ihren drei Karten zum Theil konventionelle Musik. Im zweiten Bilde hebt sich die Arie Lisas, der Nichte, und ihre Liebesszene mit Hermann besonders ab. Der zweite Akt führt uns auf einen Maskenball der vornehmen Welt. Wir wohnen der Aufführung eines Schäferspiels bei, dessen Zierden eine gravitätische Orchestersarabande und ein ganz reizendes Duett in der Weise Mozarts bilden. Das zweite Bild dieses Aktes übertrifft an schlagender dramatischer Wirkung in dieser Oper alles Andere.

Wir sind im Schlafgemache der Gräfin, die Lampen vor den Heiligenbildern verbreiten ein unsicheres Licht. In einem Lehnstuhle sitzt die Greisin versenkt in Jugenderinnerungen. Die Musik hat etwas Dämmerndes, Brütendes, es ist, als schwebten Traumgeister auf schwarzen Flügeln unhörbar durch das Dunkel. Wie das Flackern einer dem Verlöschen nahen Kerze zittert eine Sechszehntel- figur in den tiefsten Tönen der Bratschen hin und her. Der Greisin kommt ein französisches Liedchen wieder in den Sinn, das in den längst entschwundenen Tagen ihrer Jugend in den Salons erklang, eine Ariette aus Grétrys Richard Löwenherz. Die Töne ersterben in leisem Hauch, der Schlummer senkt sich auf die müden, alten Augen. Da taucht gespenstisch das Kartenmotiv auf.

Hermann weckt die Gräfin und bedroht die Widerstrebende, die im Schrecken stirbt.

Mit schreckensvoller Deutlichkeit malt Tschaikowsky im dritten Akte die grausige Erscheinung der todten Gräfin. In demselben Akte ist die Szene zwischen Lisa und Hermann, dessen Wahnsinn immer unheimlicher ausbricht, dem Komponisten besonders gut gelungen.

Trotzdem die Lyrik in Jolanthe, der letzten, einaktigen Oper Tschaikowskys, das vorherrschende Element bildet, äussert sich die Begabung des Künstlers dieses Mal nicht so glänzend, wie zu vermuthen wäre. Er bietet uns graziöse, feinsinnige und mitunter schön empfundene Musik, ohne indessen tiefer anzuregen und zu ergreifen. Die originellste Figur des kleinen Werkes ist der maurische Arzt Ebn-Jahia, der unter Anderem eine stark philosophisch-mystisch gehaltene Erläuterung seiner Heilmethode zum Besten giebt. Obgleich der Text der Musik zu widerstreben scheint, hat Tschaikowsky in diesem Stücke, das arabische Färbung aufweist, die eigenartigste Nummer der Oper geschaffen. Das Buch der Jolanthe ist nach Henrik Hertz' „König Renées Tochter" von Modest Tschaikowsky bearbeitet.

Büste Tschaikowsky's
im Neuen Leipziger Gewandhause.
(Gestiftet von A. Siloti.)

Im Anschlusse an die Opern Tschaikowskys sei noch die Musik zu Snegúrotschka (Schneewittchen) erwähnt, in der wir neben breiter ausgeführte Nummern kleine Lieder, Chöre und Tanzstücke finden. Die kindlich-volksthümlichen Weisen dieser reizenden Schöpfung sind fast durchweg von wohlthuender Frische und mitunter überraschend originell. Tschaikowsky verwendet in seinem Werken oft mit vielem Glücke die Tanzformen. Besonders der Walzer hat es ihm angethan, doch auch die Mazurka, die Polonaise und all' die andern leichtbeschwingten Kinder Terpsichorens flattern ihm unversehens einmal sogar in eine ernste symphonische Schöpfung hinein. Die Vorliebe für die graziösen Rhythmen des Tanzes regte ihn zur Komposition von drei grossen Balletten an. Das erste Werk dieses Genres, der „Schwanensee" ist den beiden andern nicht ganz ebenbürtig.

Tschaikowsky theilt die Gaben aus seinem Melodienschatze zwar in verschwenderischer Weise aus, doch stehen neben schönen Stücken solche, in denen nicht der Musiker, sondern der Choreograph das letzte Wort hat.

Weit höher an Werth steht das Ballett „Dornröschen". Hier begnügt sich der Künstler nicht damit, seine Musik nur den Bewegungen der Tänzer anzuschmiegen, er schildert vielmehr häufig durch grössere symphonische Einlagen die charakteristischen Episoden der Handlung.

Ganz besonders reizvoll ist unter diesen Stücken ein längeres Intermezzo, das den Schlaf Dornröschens begleitet. Allerhand Motive, die vorher von Bedeutung waren, geben sich hier ein Rendez-vous, die Modulation führt durch die entlegensten Tonarten, indessen ununterbrochen in leisen Violintönen ein hohes C dazu vibrirt.

In der Instrumentation überbietet Tschaikowsky in diesem Werke sich selbst, er erfindet Klangmischungen von zauberischem Reize.

Fast noch origineller und bedeutender ist die Musik zum „Nussknacker", die auch einem grössern Publikum wenigstens zum Theil durch die Suite bekannt geworden ist, die der Komponist aus einigen Nummern des reizenden Werkes zusammengestellt hat.

Wir sind am Ende! dem reichen Schaffen eines begnadeten Meisters sind wir liebevoll nachgegangen und haben uns an vielem Schönem erfreuen dürfen. Wo so viel Licht ist, muss auch Schatten sich finden. Vielleicht mag es einem oder dem andern Leser befremdlich erschienen sein, dass der Biograph und Kritiker den Blick nicht zur Seite gewendet hat, dem Lichte zu, wenn er im Schatten wandelte! Wer den entschlafenen Meister gekannt hat, in all seiner Bescheidenheit und Anspruchslosigkeit, wird es gern glauben, dass er selbst am lautesten protestirt hätte gegen eine Kritik, die nur ein einziger rauschender Lobgesang wäre. Man hat ihn den „russischen Beethoven" genannt — ein unglückliches Wort! Ganz abgesehen von der Uebertreibung, die in diesem Ausspruche liegt, kann ein solcher Vergleich auch sonst den echten Künstler nicht erfreuen, der es sich nimmer wünschen kann, ein Beethoven, Shakespeare oder Raphael „aus zweiter Hand" zu sein. Tschaikowsky wollte Niemand kopiren und hat es auch nicht gethan. Bei aller Bescheidenheit hatte er doch ein richtiges Gefühl seiner selbst, er war zu klug, um nicht einzusehen, dass selbst der winzigste Zwerg etwas Wesenhafteres ist, als der noch so gewaltige blosse Schatten eines Riesen. Freuen wir uns an Tschaikowsky, wie er ist und ward, er hat uns Grosses geschenkt, das ihn noch lange überdauern wird.

Tschaikowsky als musikalischer Kritiker und Schriftsteller.

Bis vor Kurzem war dem deutschen Publikum die Thatsache fast unbekannt, dass wir der Feder Tschaikowskys ausser musikalischen Schöpfungen noch eine Anzahl geistvoller Aufsätze über seine Kunst verdanken.

Nachdem er im Jahre 1868 zum ersten Male zu einer Vertheidigung der „Serbischen Phantasie" von Rimsky-Korssakoff in den „Moskauer Nachrichten" das Wort ergriffen hatte, schrieb er im Jahre 1871 eine Reihe von Kritiken für die „Zeitgenössische Chronik" (Ssowremjónnaja Liéttopis). Im folgenden Jahre übernahm er das Amt eines ständigen Rezensenten in den „Russischen Nachrichten". Sein letzter Artikel (Dezember 1875) trägt die vielsagende Ueberschrift: „Hauptschlacht gegen meine journalistischen Feinde".

Tschaikowsky wehrt sich seiner Haut mit den schärfsten Waffen der Satyre und schnellt einen Giftpfeil nach dem andern in die Reihen seiner Gegner. Nur einmal noch nahm er als Berichterstatter über die Bayreuther Festspiele im Jahre 1876 seine kritische Thätigkeit vorübergehend wieder auf. Seine Kritiken, die Laroche durch ein geistvolles Vorwort eingeleitet hat, füllen

andschrift Tschaikowskys.

(Beilage zu Knorr's

einen stattlichen Band, den Schluss bildet Tschaikowskys unvollendet abge-
brochene Beschreibung seiner ersten Konzerttournée (1888). Ein Theil der
äusserst interessanten musikalischen Aufsätze des Künstlers ist seinen deutschen
Verehrern durch die meisterhafte Uebertragung von Stümcke (Verlag „Harmonie")
zugänglich geworden. Diese musikalischen Glaubensbekenntnisse Tschaikowskys
fügen die letzten ergänzenden Striche zu seinem Bilde. Seine Urtheile über
die verstorbenen und mitlebenden Meister sind uns keineswegs entscheidende
Verdikte, gegen die es keine Appellation gäbe, sagt er doch selbst einmal: es
ist bekannt, dass die grössten Künstler selten die Gabe eines unfehlbaren
kritischen Instinkts haben. Diesen „unfehlbaren Instinkt" hatte auch Tschaikowsky
nicht, sein Verhältniss zu Bach, Brahms und auch zu Wagner beweist es zur
Genüge, immerhin ist es von Reiz, selbst die Irrthümer einer genialen Natur
kennen zu lernen.

Wie wenig wir oft mit dem Inhalte der kritischen Essays Tschaikowskys
einverstanden sein mögen, sind sie uns doch durch ihre vollendete Form und
einen glänzenden Styl von Werth und als ein Zeugniss, wie sich in diesem
Kopfe die Welt malte.

Es ist unnöthig, hier die Urtheile Tschaikowskys näher zu betrachten,
soweit sie im Einklange stehen mit allgemeiner anerkannten Ansichten. Von
grösserem Interesse ist es uns, an dieser Stelle seine Meinung über Bach,
Brahms und Wagner kennen zu lernen, eine Meinung, die so weit abweicht
von dem, was der Mehrzahl von uns als die Wahrheit gilt.

Im Tempel Bachs ist er ein Fremdling, der wohl weiss, dass die Stätte,
da er weilt, heilig ist und der sein Haupt entblösst, um die Andacht der Anders-
gläubigen nicht zu stören, doch die Worte und Klänge, die uns Andere im
tiefsten Innern so mächtig ergreifen, sie tönen unverstanden an sein Ohr. Den
Bekenner unserer eigenen Religion, der sich von ihr abwendet, müssten wir
einen Abtrünnigen schelten, dürfen wir aber mit dem Fremden, dem es
versagt ist unser Empfinden zu theilen, gleich strenge ins Gericht gehen?
Der Verzicht auf Glanz und Flitter, der mehr der innern als der äussern Welt
zugekehrte Blick, das sind Züge, welche der jüngste der Klassiker, Brahms,
mit Bach, dem ältesten, gemein hat.

Auch vor Brahms steht Tschaikowsky wie vor einer kalten, steinernen
Sphinx, vergebens harrend, dass sie zu ihm rede. Im Jahre 1872 bei der Besprechung des B-dur-Sextetts des deutschen Meisters ist ihm Brahms nur „einer
jener Durchschnittskomponisten, an welchen die deutsche Schule so reich ist".
Weit respektvoller, doch immer kühl äussert sich Tschaikowsky 16 Jahre
später über Brahms, den er inzwischen persönlich hatte kennen und lieben
lernen.

„Niemals wird er, wie wir andern zeitgenössischen Komponisten zu einem äussern
Effekte seine Zuflucht nehmen, er wird nicht versuchen, durch irgend eine neue glänzende
Orchesterkombination in Erstaunen zu setzen, ebensowenig wird man je Banalitäten oder Nachahmung finden; alles das ist sehr ernst, sehr edel, offenbar sogar selbständig — doch in
alle dem fehlt das Wichtigste, fehlt die Schönheit. Einst, als ich vor einigen Jahren Hans
von Bülow meine Meinung über Brahms aufrichtig aussprach, sagte er mir Folgendes: „Warten
Sie, die Zeit wird kommen, da sich auch Ihnen die Tiefe und Schönheit Brahms' entschleiern
wird; ähnlich wie Sie verstand auch ich ihn lange nicht — allmählich wurde ich der Offenbarung des Brahms'schen Genius würdig, es wird Ihnen damit gerade so ergehen!" Und nun
warte ich — die Offenbarung kommt aber nicht!"

Wagner stellt sich dem Auge Tschaikowskys als Doppelwesen dar, er sieht in ihm einmal den drakonischen Gesetzgeber im Reiche der Oper, ein anderes Mal den genialen, schaffenden Künstler. Gegen die Operntheorie Wagners lehnt er sich auf mit aller Kraft, dennoch ist, wie wir bereits sahen, auch Wagner, der Theoretiker, nicht ohne Einfluss auf ihn geblieben. Der Komponist Wagner imponirt ihm oft auf das Höchste, Tschaikowsky konnte aber als Gegner der Kunsttheorien Wagners in seinen Musikdramen nur Verirrungen eines gewaltigen Genies erblicken. Er sagt im Jahre 1872 bei der Besprechung der Faustouvertüre, die er den reifsten Meisterwerken Beethovens zur Seite stellt:

„Wagner könnte kraft seiner reichen, ursprünglichen Begabung an der Spitze der Symphoniker unserer Zeit stehen, wenn ihn die theoretische Veranlagung seines Geistes und ein falsch geleiteter Ehrgeiz nicht von der Bahn abgelenkt hätte, auf welche ihn sein wahrer Beruf hinwies.“

Ueber die Eindrücke, die er im Sommer des unvergesslichen Jahres 1876 in Bayreuth empfing, gelangte er mit sich selbst nicht völlig ins Klare. Er gesteht freimüthig seinen Lesern ein, dass er nicht genügend vertraut mit dem kolossalen Werke nach Bayreuth gepilgert sei. Nachdem er die gänzliche Erschöpfung, die ihn befallen hatte, geschildert hat, sagt er:

„Ich hatte in Bayreuth Gelegenheit vielen ausgezeichneten Künstlern zu begegnen, welche der Wagner'schen Musik grenzenlos ergeben waren und an deren Aufrichtigkeit zu zweifeln ich keinen Grund habe. Ich bin eher bereit zuzugeben, dass ich durch meine eigene Schuld noch nicht zum völligen Verständniss dieser Musik herangereift bin, und dass nach eifrigem Studium derselben auch ich einmal zu dem Kreise ihrer Verehrer gehören werde. Im Augenblicke muss ich ganz aufrichtig gestehen, dass der „Ring der Nibelungen“ eine betäubende Wirkung auf mich ausübte, nicht sowohl durch seine musikalischen Schönheiten, die vielleicht mit gar zu verschwenderischer Hand darin ausgestreut sind, als vielmehr durch seine Dauer, durch seine gigantische Masse. — Mag der Nibelungenring stellenweise ermüdend erscheinen, mag Vieles darin anfänglich unklar und unverständlich sein, mag uns die Harmonie Wagners zu Zeiten verwickelt und gesucht dünken, mag die Theorie Wagners irrig sein, mag darin ein nicht geringer Theil von Donquixoterie stecken, mag seine ungeheure Arbeit dazu bestimmt sein, im verödeten Theater von Bayreuth im ewigen Schlummer zu ruhen und nur eine legendenhafte Erinnerung an das titanische Werk, das zeitweilig die Aufmerksamkeit der ganzen Welt auf sich gezogen, übrig bleiben — dennoch wird der Nibelungenring trotz allem eine der allerbedeutungsvollsten Erscheinungen in der Geschichte der Kunst bleiben!“

Ueber Liszt findet sich in Tschaikowskys Schriften wenig von Belang. Er ist einmal tief ergriffen von der „unbeschreiblich rührenden Episode (Tod der Elisabeth), der in dieser Art nichts Aehnliches verglichen werden kann“ und nennt Liszt einen Komponisten, dem es so glücklich, wie kaum einem Andern gelungen sei, die tief ergreifende Poesie der christlichen Liebe in Tönen zu schildern. Ein anderes Mal vermisst er im ersten Satze der Dantesymphonie „Erfindungskraft, Neuheit der Hauptgedanken und organischen Zusammenhang in ihrer Verbindung“ und nennt den zweiten Abschnitt „trotz des glücklich erdachten Effektes des weiblichen Chores arm an Inhalt, gedehnt und unglaublich langweilig.“ Er giebt aber nirgends ein Gesammtbild der künstlerischen Persönlichkeit Liszts. Berlioz, dessen Faustmusik Tschaikowsky besonders hoch stellt, charakterisirt er mit wenigen, aber scharfen Strichen.

„Berlioz wirkt auf die Einbildungskraft; er versteht zu unterhalten und zu interessiren, vermag aber selten zu rühren. Arm an melodischer Erfindung, ohne feines harmonisches Gefühl, aber überraschend befähigt, den Zuhörer phantastisch anzuregen, wendete Berlioz seine ganze schöpferische Kraft den äussern Bedingungen der musikalischen Schönheit zu. Ein

Resultat dieses Strebens waren jene Wunder der Instrumentation, jjene unnachahmliche Klangschönheit, jene Anschaulichkeit seiner musikalischen Schilderungen der natürlichen und phantastischen Welt, in welchen er sich als eine feinsinnige Dichteirnatur, als ein unerreichbar grosser Meister zeigt."

Wo wir das Buch Tschaikowskys auch aufschlagen mögen, treffen wir auf geistreiche Gedanken in gewählter Fassung. Leicht und spielend findet er den treffendsten Ausdruck für die ganze Skala der ihn bewegenden Empfindungen. Wie ergötzlich ist sein Humor, wenn er der grossen Masse in einer Kapuzinerpredigt ihren Unverstand vor Augen hält, wie schneidend seine Ironie, wenn er in der Fehde mit einem beschränkten Berufsgenossen dem Gegner die übel geführte Klinge aus der Hand schlägt, wie schön verklärt ihn die Begeisterung, wenn er von Mozart und Schubert, den Lieblingen seines Herzens redet! Von dem Manne mit dem warmen, unruhig pochenden Künstlerherzen dürfen wir nicht die leidenschaftslose Sprache der objektiven, kühlen Kritik erwarten. Er stand selbst als Streiter inmitten des Kampfgetümmels und

Tschaikowsky-Denkmal im Petersburger Conservatorium.
Aus der deutschen Ausg. v. Tschaikowskys Musikalischen Schriften (Verlag „Harmonie").

erzählt uns von den Wechselfällen der Schlacht nicht wie der unbetheiligte Beobachter, der von fern dem Ringen zugesehen, sondern wie ein Mitkämpfer, indem die Erregung des Kampfes noch nachzittert. Gedenken wir dessen, so werden wir auch Tschaikowsky den Schriftsteller vorurtheilslos beurtheilen können. So manche seiner Kunstanschauungen wird niemals die unsere werden, nicht ein jedes seiner Urtheile werden wir unterschreiben wollen„ wir werden aber die Aufrichtigkeit seiner Ueberzeugungen und den Muth, mit dem er für sie einstand, nur ehren können — „nehmt Alles nur in Allem, er war ein Mann!"

Anmerkung zu Seite 14.

[1] Die nachfolgenden Zeilen, welche die hochbetagte Dame aus ihrer Geburtsstadt an den Verfasser dieses Buches richtete, mögen als ein rührendes Zeugniss für die herzliche Zuneigung der Greisin für ihren einstigen Zögling hier Platz finden: La pensée qu'une biographie de mon ancien et bien cher élève, Pierre de Tschaikowsky sera publiée en allemand me réjouit beaucoup. Vous serez heureux d'étudier et d'apprendre à connaître une belle âme et de la faire aimer à vos contemporains. Pendant ma longue carrière d'institutrice je n'ai pas rencontré un plus noble enfant et cependant ce n'est que pendant quatre ans, que j'ai eu le bonheur de l'avoir pour élève!

Inhalts-Verzeichniss.

Seite

Vorwort 5
Die russische Musik und ihre geschichtliche Entwickelung 7
Die Kinderzeit Tschaikowskys (1840—50) 13
Die Schuljahre (1850—59) 19
Die Beamtenlaufbahn und die musikalischen Studienjahre (1859—66) . . 26
Die Moskauer Zeit. — T.'s Lehrthätigkeit (1866—78) 32
Die letzten Lebensjahre (1878—93) 48
Tschaikowskys Persönlichkeit 57
Die Werke Tschaikowskys:
    I. Orchesterkompositionen 60
    II. Kammermusikwerke 71
    III. Konzertstücke 73
    IV. Klavierkompositionen 75
    V. Lieder 76
    VI. Bühnenwerke 78
Tschaikowsky als musikalischer Kritiker und Schriftsteller 88